Haut und Haar
Arbeitsbuch
Lernfelder 1–5

Lösungen

3. Auflage

VERLAG EUROPA-LEHRMITTEL · Nourney, Vollmer GmbH & Co. KG

Düsselberger Straße 23 · 42781 Haan-Gruiten

Europa-Nr.: 65872

Autorin:
Katja Wiemann, Recklinghausen

Autorinnen der Englisch-Arbeitsblätter:
Babett Friedewold, Hamburg
Elbie Picker, Hamburg

Verlagslektorat:
Anke Horst

3. Auflage 2017

Druck 5 4 3 2 1

Alle Drucke derselben Auflage sind parallel einsetzbar, da sie bis auf die Behebung von Druckfehlern untereinander unverändert sind.

ISBN 978-3-8085-6660-2

© 2017 by Verlag Europa-Lehrmittel, Nourney, Vollmer GmbH & Co. KG, 42781 Haan-Gruiten

www.europa-lehrmittel.de

Satz: Punkt für Punkt GmbH · Mediendesign, 40549 Düsseldorf

Druck: Konrad Triltsch Print und digitale Medien GmbH, 97199 Ochsenfurt-Hohestadt

Umschlaggestaltung: tiff.any GmbH, 10999 Berlin

Umschlagfotos: fotolia.com, Berlin, © mh-werbedesign (oben links), © Kzenon (mittig links), © Subbotina Anna (großes Foto, unten links)

VORWORT

Das vorliegende Arbeitsbuch „Haut & Haar" richtet sich an Auszubildende im Beruf Friseur/Friseurin. Methodisch abwechslungsreiche Aufgabenstellungen fördern die Kompetenzentwicklung der Auszubildenden.

Inhalt

Band 1 (Europa-Nr. 65721)	Band 2 (Europa-Nr. 65735)	Band 3 (Europa-Nr. 65742)
• Lernfeld 1: In Ausbildung und Beruf orientieren • Lernfeld 2: Kunden empfangen und betreuen • Lernfeld 3: Haare und Kopfhaut pflegen • Lernfeld 4: Frisuren empfehlen • Lernfeld 5: Haare schneiden	• Lernfeld 6: Frisuren erstellen • Lernfeld 7: Haare dauerhaft umformen • Lernfeld 8: Haare tönen • Lernfeld 9: Haare färben und blondieren	• Lernfeld 10: Hände und Nägel pflegen und gestalten • Lernfeld 11: Haut dekorativ gestalten • Lernfeld 12: Betriebliche Prozesse mitgestalten • Lernfeld 13: Komplexe Frisurendienstleistungen durchführen

- Die Aufgaben sind **abgestimmt auf die 7. Auflage der Friseurfachkunde „Haut & Haar"** (Europa-Nr. 65810); die Arbeitsblätter können auch unabhängig davon eingesetzt werden.
- Die Inhalte werden **handlungsorientiert** vermittelt; die Aufgaben werden mit einem **praxisorientierten Szenario** eingeleitet.
- Jedes Lernfeld endet mit Arbeitsblättern auf **Englisch**. Die Aufgaben nehmen ebenfalls Bezug auf den Englischteil in der Fachkunde.

Neu in der 3. Auflage
Die Arbeitsblätter wurden aktualisiert und der neuen Auflage der Fachkunde angepasst.

Innerhalb des Arbeitsbuches wird von der Friseurin und meistens auch von der Kundin gesprochen. Die weibliche Form wurde bewusst gewählt, weil der größte Teil der Auszubildenden weiblich ist. Wir bitten die männlichen Auszubildenden hierfür um Verständnis.

Wir wünschen allen Auszubildenden und allen, die sich beruflich fortbilden wollen, viel Freude und Erfolg mit diesem Arbeitsheft.

Kritische Hinweise und Vorschläge, die der Weiterentwicklung des Buches dienen, nehmen wir dankbar entgegen. Gerne per E-Mail unter lektorat@europa-lehrmittel.de.

Im Herbst 2017   *Autorin und Verlag*

Inhaltsverzeichnis Band 1

1. Ausbildungsjahr

Lernfeld 1

In Ausbildung und Beruf orientieren 6

1 Anforderungen an den Friseurberuf 6
2 Organisatorischer Aufbau des Friseurbetriebes 8
3 Berufsgeschichte 10
4 Aus- und Weiterbildung im Friseurhandwerk 11
5 Hygiene 14
6 Hauterkrankungen und Hautschutz 17
7 Schutzhandschuhe 21
8 Gesundheitsschutz 23
9 Arbeitschutz und Unfallverhütung 27
10 Atemwegserkrankungen 30
11 A multilingual salon 31
   Describing a salon 32

Lernfeld 2

Kunden empfangen und betreuen 33

1 Die Rolle als Friseurin annehmen 33
2 Die Kunden im Friseursalon 34
3 Das berufliche Telefonat 36
4 Kundentypen 37
5 Bewusste Wahrnehmung der Kundinnen 39
6 Kommunikation 41
7 Kommunikationsmodelle 46
8 Small Talk 49
9 Verkaufsargumentation 50
10 At reception: Making appointments 53
   At reception: Receiving and serving clients 54

Lernfeld 3

Haare und Kopfhaut pflegen 55

1 Aufbau der Haut 55
2 Schweißdrüsen 58
3 Talgproduktion 59
4 Schuppenbildung 62
5 Veränderungen der Kopfhaut 64
6 Pigmentveränderungen 66
7 Kopfläuse 67
8 Haararten 69
9 Haarfollikel 71

10	Feinbau des Haares	74
11	Haarschaftsveränderungen	75
12	Haar- und Kopfhautbeurteilung	78
13	Präparate zur Pflege von Haar und Kopfhaut	80
14	Haarwäsche	87
15	Kopfmassage	89
16	Keeping client records	91
	Recommending hair care products	92

Lernfeld 4

Frisuren empfehlen ... 93
1	Haarkontur und Haarqualität	93
2	Wirbel	95
3	Natürlicher Haarwechsel	96
4	Haarausfall	99
5	Proportionen	101
6	Elemente der Frisurengestaltung	102
7	Ausgleich und Betonung von Kopf- und Gesichtsformen	111
8	Haarersatz	120
9	Bartformen empfehlen	122
10	Choosing suitable hairstyles when considering head and face shapes and special features	124

Lernfeld 5

Haare schneiden ... 126
1	Haarschnitte planen und vorbereiten	126
2	Arbeits- und Hilfsmittel	131
3	Grundtechniken des Haareschneidens	137
4	Basisformen des Haarschnitts	140
5	Fehlerquellen beim Haare schneiden	148
6	Schnittpläne erstellen (Prüfungsstück)	150
7	Rasur und Bartformung planen und durchführen	153
8	Haarschnitte und Rasur nachbereiten	157
9	Choosing cutting tools and techniques	158
	Explaining haircuts	159

Lernfeld 1:	Name:		
In Ausbildung und Beruf orientieren	Klasse:	Datum:	Blatt-Nr.:
1 Anforderungen an den Friseurberuf			

Lernfeld 1

Information:

Der Friseurberuf ist ein anspruchsvoller und kreativer Handwerksberuf, der von einer Friseurin die vielfältigsten fachlichen, methodischen und sozialen Kompetenzen erfordert. Da der Friseurberuf ein Beruf ist, der Dienstleistungs- wie auch Beratungs- und Verkaufselemente vereint, sollte eine Friseurin kompetent genug sein, den unterschiedlichen Anforderungen zu entsprechen.

Bild 1: Der Friseurberuf erfordert Kreativität

Aufgaben:

1. Bilden Sie 3er-Gruppen und schauen Sie sich das unten stehende Arbeitsblatt an.

2. Tragen Sie Ihren Namen in das für Runde 1 vorgesehene Feld ein.

3. Füllen Sie, nachdem Sie alle Aufgaben bis zum Ende gelesen haben, die drei Vorschlagfelder der Runde 1 zur unten genannten Fragestellung aus.

4. Anschließend geben Sie das Blatt an den rechten Nachbarn weiter!

5. Tragen Sie Ihren Namen in das Feld für Runde 2 ein.

6. Lesen Sie die Ideen des Vorgängers und schreiben Sie Ihre Ideen darunter.

7. Nach dem dritten Durchgang erhalten Sie den eigenen Bogen zurück. Lesen Sie nun alle Stellungnahmen der Mitschülerinnen. Falls Sie einige Aussagen nicht verstehen, fragen Sie bitte nach!

Fragestellung: Wie sollte eine Friseurin körperlich und geistig „beschaffen sein", damit sie die Anforderungen des Friseurberufes erfüllen kann?

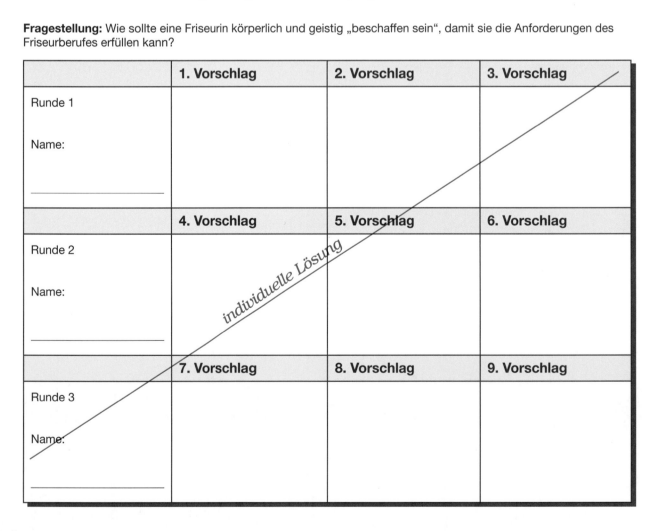

	1. Vorschlag	2. Vorschlag	3. Vorschlag
Runde 1 Name: _____			
	4. Vorschlag	5. Vorschlag	6. Vorschlag
Runde 2 Name: _____			
	7. Vorschlag	8. Vorschlag	9. Vorschlag
Runde 3 Name: _____			

individuelle Lösung

Lernfeld 1:	Name:		
In Ausbildung und Beruf orientieren	Klasse:	Datum:	Blatt-Nr.:
1 Anforderungen an den Friseurberuf			

Lernfeld 1

8　Ordnen Sie Ihre gemeinsamen Lösungsansätze nach den folgenden Kriterien und schreiben Sie Ihre Antworten in die entsprechenden Bereiche.

Charakterliche Voraussetzungen

z. B. Pünktlichkeit, Zuverlässigkeit, Stressfähigkeit, Spaß am Umgang mit Kunden, Verschwiegenheit, Kritikfähigkeit, Verantwortungsbereitschaft

Bildungs- voraussetzungen

z. B. Kommunikations- fähigkeit, gute Umgangs- sprache, betriebswirtschaftliches Grundverständnis, Bereitschaft zum lebenslangen Lernen, Kenntnisse im Gesundheits- und Umweltschutz

Optische Voraussetzungen

z. B. gepflegtes äußeres Erscheinungsbild (Haare, Nägel, Zähne, Kleidung), moderne Frisuren- und Make-up-Gestaltung

Körperliche Voraussetzungen

z. B. gute allgemeine Gesundheit, gute Augen, belastungsfähige, nicht zu empfindliche Haut, gesunde Füße, gesunder Rücken

Handwerkliche Voraussetzungen

z. B. gutes Gefühl für Farben und Formen, Kreativität, Fingerfertigkeit, Sorgfältigkeit

9　Beurteilen Sie selbst, welche genannten Voraussetzungen Sie erfüllen oder nicht erfüllen. Fühlen Sie sich den Anforderungen des Friseurberufes gewachsen? Diskutieren Sie im Klassenplenum.

Lernfeld 1:	Name:		
In Ausbildung und Beruf orientieren	Klasse:	Datum:	Blatt-Nr.:
2 Organisatorischer Aufbau des Friseurbetriebes			

Lernfeld 1

Szenario:

Anja hat bereits die ersten Wochen in ihrem Ausbildungsbetrieb absolviert. Leider befindet sich die Mixecke im Keller des Gebäudes, sodass alle Angestellten mehrmals täglich mehrere Treppen erklimmen müssen, um die benötigten Haarfarben usw. anzumischen. Das findet Anja sehr lästig.

Aufgaben:

1 Planen Sie, wie Sie Anjas Ausbildungsbetrieb organisatorisch verbessern könnten, wenn Ihnen sämtliche Mittel dazu zur Verfügung stünden. Lassen Sie Ihren kreativen Gedanken freien Lauf und gestalten Sie Ihren Traumsalon auf einem DIN-A3-Papier. Überlegen Sie sich im Vorfeld, welche Zielgruppe Sie ansprechen wollen.

2 Kennzeichnen Sie in Ihrem neu entworfenen Friseurbetrieb die unterschiedlichen Salonzonen.
  a) Empfangs-/Eingangszone
  b) Wartezone
  c) Bedienungszone
  d) Waschzone
  e) Mixecke
  f) Personalbereich

Alternativ können Sie auch das folgende Salonkonzept (Bild 1) mit den unterschiedlichen Salonzonen (a–f) beschriften.

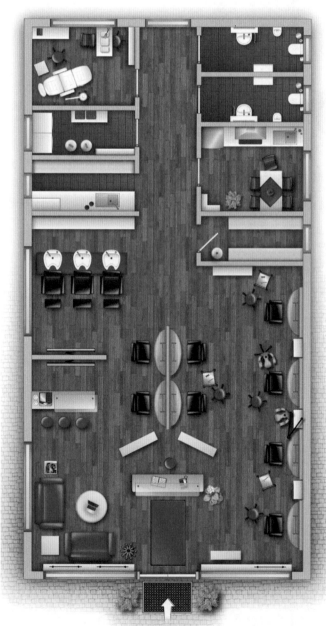

Bild 1: Beispiel für eine Salonkonzeption

Lernfeld 1:	Name:		
In Ausbildung und Beruf orientieren			
2 Organisatorischer Aufbau des Friseurbetriebes	Klasse:	Datum:	Blatt-Nr.:

Lernfeld 1

3 **a)** Richten Sie Ihren Friseursalon vollständig mit allen notwendigen Einrichtungs- und Gebrauchsgegenständen ein und zeichnen Sie die Gegenstände in Ihre Abbildung. Beachten Sie dabei auch die Einhaltung der Sicherheitsvorschriften!

b) Kalkulieren Sie anschließend mithilfe von Einrichtungs- und Friseurbedarfskatalogen, was Ihre Saloneinrichtung kosten würde.

4 **a)** Erläutern Sie, welche Kundenklientel Sie bevorzugt mithilfe welcher Mittel ansprechen wollen.

b) Beschreiben Sie auch, welche Salonphilosophie Sie mit Ihrem Salonkonzept verfolgen.

Bild 1: Kalkulation

individuelle Lösung

5 Präsentieren Sie der Klasse Ihre Salonkonzeption sowie die Kostenkalkulation und die Beschreibung der Salonphilosophie mithilfe einer „stillen Vernissage". Hängen Sie dazu Ihre Ergebnisse wie in einem Museum an die Klassenwände und betrachten Ihre Werke „still".

6 Vergleichen Sie die Klassenergebnisse mit Ihrem entworfenem Ausbildungsbetrieb.

a) Was haben die Salonkonzepte gemeinsam?

individuelle Lösung

b) Wodurch könnte Ihr geplanter Ausbildungsbetrieb organisatorisch verbessert oder verändert werden?

individuelle Lösung

	Lernfeld 1:	Name:		
	In Ausbildung und Beruf orientieren	Klasse:	Datum:	Blatt-Nr.:
	3 Berufsgeschichte			

Lernfeld 1

Aufgaben:

1 Informieren Sie sich z. B. mithilfe Ihres Fachkundebuches über die Berufsgeschichte des Friseurs.

2 Legen Sie einen Zeitstrahl an, indem Sie kurz die Aufgaben des Friseurberufes im Wandel der Zeit wiedergeben.

Antike (Ägypter)
2800 bis 70 v. Chr.

Mittelalter (Romantik)
800 bis 1250 n. Chr.

Arbeiten/Aufgaben:

*Zu den Aufgaben des **Barbiers** gehörten das Reinigen und die Rasur des Körpers, das Feilen der Nägel sowie die Herstellung von Perücken. Später wurden kleinere hautkosmetische Behandlungen wie das Beseitigen von Warzen und Hühneraugen durchgeführt.*

Arbeiten/Aufgaben:

***Bader** bereiteten Bäder und erledigten Haar- und Bartscherearbeiten in den Badestuben. Der **Barbier** verrichtete ähnliche Aufgaben, ging jedoch von Haus zu Haus. Beide übten darüber hinaus medizinische Wundversorgung wie das Aderlassen oder Schröpfen aus.*

Mittelalter (Gotik)
1250 bis 1500 n. Chr.

Neuzeit
1700 bis 1900 n. Chr.

Aufgaben:

*Nach dem Rückgang der Badestuben übernahmen Barbiere und Bader neben der Haar- und Bartpflege auch chirurgische Eingriffe. Gleichzeitig entwickeln sich die **Perückenmacher** als Konkurrenz zu den Barbieren und Badern.*

Aufgaben:

*Nach der Französischen Revolution löste die natürliche Haarpflege die Perückenmode ab. Im 19. Jahrhundert entstanden die Innungen. Rasante technische Fortschritte bereiteten danach den Weg zur Weiterentwicklung des **Friseurberufes**.*

Lernfeld 1:

In Ausbildung und Beruf orientieren

4 Aus- und Weiterbildung im Friseurhandwerk

Name:

Klasse: | Datum: | Blatt-Nr.:

Lernfeld 1

Szenario:

Anja ist Auszubildende im Salon „Haargenau". Sie hat sich eingehend über die Ausbildung zur Friseurin und deren Weiterbildungsmöglichkeiten informiert. Jetzt ist sie sich sicher, dass dieser Beruf ihr Traumberuf ist!

Aufgaben:

1. Und wie ist es bei Ihnen? Schreiben Sie eine Erzählung, in der Sie von Ihrem Berufsfindungsprozess berichten.

2. Informieren Sie sich, genau wie Anja, über die Ausbildung und die Weiterbildungsmöglichkeiten zur Friseurin – z. B. im Fachkundebuch.

3. Lösen Sie anschließend das Kreuzworträtsel, indem Sie die Lösungen in das Raster eintragen (Lösungen können die Umlaute ä, ö, ü enthalten).

Waagerecht (horizontal)

2. Interessenvertretung und Selbstverwaltung der Friseurbetriebe in einem Bezirk
3. Vertrauens- und Vermittlungspersonen zwischen Auszubildenden und Ausbilder
7. Auflistung der Schutzmaßnahmen für die im Salon tätigen Personen
9. Vergütung von Auszubildenden
10. Abschluss der Berufsausbildung
13. freiwillige Gewerkschaftsorganisation von Friseurgesellen und -auszubildenden

Senkrecht (vertikal)

1. Gesetzliche Regelungen für Jugendliche in der Friseurausbildung
4. Zusatzausbildung einer Friseurin
5. Zusammenschluss von Friseurbetrieben in einem Bezirk
6. Träger der gesetzlichen Unfallversicherung für Friseure
8. Festlegung der erforderlichen Kenntnisse und Fertigkeiten innerhalb der Friseurausbildung
11. Höherer Abschluss als die Gesellenprüfung
12. Vertrag zwischen Arbeitgeberverband und Gewerkschaft
14. Hauptinhaltsstoff von Schutzhandschuhen mit hoher chemischer Beständigkeit

Bild 1: Kreuzworträtsel zur Aus- und Weiterbildung im Friseurhandwerk

	Lernfeld 1:	Name:		
---	In Ausbildung und Beruf orientieren	Klasse:	Datum:	Blatt-Nr.:
	4 Aus- und Weiterbildung im Friseurhandwerk			

4 Beschreiben Sie, wie die duale Ausbildung des Friseurs gegliedert ist. Vervollständigen Sie dazu sinnvoll den Lückentext mit den folgenden Zahlen und Begriffen.

> 1, 7, 18 Monaten, 25, 75, alle, Ausbildungsrahmenplan, Berufsschule, Damen, Duales, gestreckten, Herrenfach, klassische, Kundenberatung, Lernfelder, modische, praktische, Rahmenlehrplan, Verordnung, zwei

Die Berufsausbildung des Friseurberufes wird als „ _Duales_ System" bezeichnet, da die Ausbildung an _zwei_ Lernorten stattfindet. Zum einen in der _Berufsschule_ und zum anderen im Ausbildungsbetrieb.

Die gesetzliche Grundlage für den Berufsschulunterricht bildet der KMK- _Rahmenlehrplan_ für Friseure (gültig seit dem 01.08.2008), der in dreizehn _Lernfelder_ thematisch gegliedert ist.

Die „ _Verordnung_ über die Berufsausbildung zum Friseur/Friseurin" (gültig seit dem 21.05.2008) regelt die _praktische_ Ausbildung. Diese enthält den _Ausbildungsrahmenplan_ und das Ausbildungsberufsbild.

Die Gesellenprüfung der Friseure ist in zwei Teile gegliedert. Teil 1 der _gestreckten_ Gesellenprüfung findet nach _18 Monaten_ statt und geht mit _25_ % in das Gesamtergebnis der Gesellenprüfung ein. In der theoretischen Prüfung der GP1 werden die Lernfelder _1_ bis _7_ zugrunde gelegt. Die praktische Prüfung umfasst _klassische_ Friseurarbeiten im Damen- und _Herrenfach_.

Die GP2 geht mit _75_ % in das Gesamtergebnis der Gesellenprüfung ein. In der theoretischen Prüfung werden _alle_ Lernfelder geprüft, die praktische Prüfung umfasst _modische_ Friseurarbeiten im _Damen_ - und Herrenfach sowie die _Kundenberatung_ und eine Wahlqualifikation.

5 Informieren Sie sich im Internet und in Ihrem Fachbuch über Fort- und Weiterbildungsmöglichkeiten für Friseure. Verfassen Sie dazu in Kleingruppen (max. 4 Schülerinnen) eine Power-Point-Präsentation an Ihrem PC oder, wenn Ihnen dieses Medium nicht zur Verfügung steht, eine Informationsbroschüre. Folgende Informationen sollten Ihre Präsentationen enthalten:

- Welche allgemeinbildenden Schulabschlüsse können Sie unter welchen Voraussetzungen gemeinsam mit dem Gesellenbrief erhalten?
- Welche Bildungsgänge können Sie anschließend damit besuchen?
- Welche vielfältigen Fortbildungsmöglichkeiten haben Sie während der Ausbildung?
- Welche Weiterbildungsmöglichkeiten haben Sie nach erfolgreichem Abschluss der Gesellenprüfung?
- Welche Möglichkeiten bietet die Friseurmeisterausbildung?

Gestalten Sie Ihre Informationen sachlogisch und optisch ansprechend!

Bild 1: Friseurin im Umgang mit Kundin

6 Geben Sie jeweils eine kurze Beschreibung der folgenden Vertragsarten.

a) Berufsausbildungsvertrag

Wird zu Beginn der Ausbildung zwischen der Auszubildenden und der Ausbilderin geschlossen. Aufgeführt sind beiderseitige Rechte und Pflichten sowie Arbeitszeiten, Urlaubsregelungen usw.

Lernfeld 1:	Name:		
In Ausbildung und Beruf orientieren	Klasse:	Datum:	Blatt-Nr.:
4 Aus- und Weiterbildung im Friseurhandwerk			

Lernfeld 1

b) Manteltarifvertrag

Wird zwischen Arbeitgeberverbänden und Gewerkschaften ausgehandelt und enthält u. a. Regelungen bei Krankheitsfällen, bei Urlaub und Kündigung (Sonderform eines Tarifvertrages).

c) Lohn- oder Gehaltsvertrag

Legt die Höhe der Löhne und Gehälter sowie der Ausbildungsvergütung fest, die nach dem Lebensalter der Auszubildenden bemessen ist und mindestens jährlich anzusteigen hat.

Bild 1: Eine Beratungssituation

7 Der Friseurberuf ist, wie alle handwerklichen Berufe, durch eine freiwillige Mitgliedschaft in bestimmten Einrichtungen von der Kreisebene beginnend über die Bezirks- und Landesebene bis zur Bundesebene im Handwerk organisiert.

Setzen Sie die folgenden Einrichtungen in die richtige Reihenfolge.

> Deutscher Handwerkskammertag, Handwerksinnung, Handwerkskammer, Handwerksbetriebe und handwerksähnliche Gewerbebetriebe, Kreishandwerkerschaft, Landesinnungsverbände, Zentralverband des Deutschen Handwerks, Zentralfachverband

Kreisebene	1	*Handwerksbetriebe und handwerksähnliche Gewerbebetriebe*
	2	*Handwerksinnung*
	3	*Kreishandwerkerschaft*
Bezirksebene	4	*Handwerkskammer*
Landesebene	5	*Landesinnungsverband*
Bundesebene	6	*Zentralfachverband*
	7	*Deutscher Handwerkskammertag*
	8	*Zentralverband des Deutschen Handwerks*

8 In der gesamten Ausbildungszeit kann es immer wieder zu Fragen, Unstimmigkeiten oder Konflikten kommen. Geben Sie die entsprechenden Ansprechpartner im schulischen und betrieblichen Umfeld an.

Lehrlingswart, Ausbildungsberaterin bei der Handwerkskammer, Ausbilder, Klassenlehrer

Lernfeld 1:	Name:		
In Ausbildung und Beruf orientieren 5 Hygiene	Klasse:	Datum:	Blatt-Nr.:

Lernfeld 1

Szenario:

Nach Feierabend beklagen sich die Auszubildenden des Salons „Haargenau", dass sie so viel putzen müssen. „Täglich müssen wir die Kämme und Scheren reinigen und desinfizieren, das ist doch völlig unnötig. Wir waschen das Haar der Kunden doch, bevor wir es schneiden", sagt Florian. Anja pflichtet ihm bei: „Genau, und warum müssen wir jeden Abend die Armlehnen und Nackenstützen reinigen? Das ist doch viel zu übertrieben!"

Bild 1: Desinfektionsplan

Aufgaben:

1 Nehmen Sie Stellung zum Gespräch zwischen Florian und Anja.

Nein, die Auszubildenden liegen falsch, denn Kämme und Scheren sollten nach jedem Gebrauch, mind. jedoch ein Mal täglich oder bei Kontamination, desinfiziert werden. Auch Armlehnen und Nackenstützen sollten ein Mal täglich nach Geschäftsschluss desinfiziert werden.

2 a) Erläutern Sie kurz den Begriff „Hygiene" und b) nennen Sie die drei Teilbereiche der Hygiene.

a) *Das Wort „Hygiene" kommt aus dem Griechischen und leitet sich von der griechischen Göttin der Gesundheit, Hygieia, ab. Im Allgemeinen versteht man unter „Hygiene" alle Maßnahmen zur Vermeidung von Infektionskrankheiten und deren Übertragung.*

b) *Die drei Teilbereiche der Hygiene sind persönliche, gewerbliche und öffentliche Hygiene.*

3 Die Desinfektion spielt im Friseurhandwerk eine wichtige Rolle. Erläutern Sie jeweils zwei chemische und zwei thermische Desinfektionsverfahren.

Chemische Desinfektionsverfahren:

Hautdesinfektion mit speziellen alkoholischen Präparaten (70 bis 85 % Alkohol) nach der Handreinigung, Tauchbad für Werkzeuge mit virusinaktivierenden Desinfektionsmitteln.

Thermische Desinfektionsverfahren:

Arbeitskleidung, Handtücher und Umhänge bei 95 °C in der Waschmaschine kochen, Schneidegeräte ca. 5 Min. in einem Wasserdampfbad desinfizieren.

Bild 2: Hygienepräparate

EUROPA LEHRMITTEL	Lernfeld 1: **In Ausbildung und Beruf orientieren** 5 Hygiene	Name:			
		Klasse:	Datum:		Blatt-Nr.:

Lernfeld 1

4 Unterscheiden Sie die folgenden Begriffe.

Wischdesinfektion (Bild 1)

Die Wischdesinfektion wird mit einer gebrauchsfertigen Lösung aus Wasser und einem Desinfektionsmittelkonzentrat hergestellt. Sie wird mit einem Tuch durchgeführt und dient zur Desinfektion aller gut abwaschbaren Flächen und Gegenstände.

Bild 1: Wischdesinfektion

Schnelldesinfektion (Bild 2)

Schnelldesinfektionen sind in der Regel alkoholische, gebrauchsfertige Lösungen zum Sprühen und Wischen von kleinen oder schwer zugänglichen Flächen. Sie sollten gegen Bakterien, Pilzen und Viren wirksam sein. Beim Einsatz ist auf die Einwirkzeit nach Herstellerangaben zu achten.

5 Beschreiben Sie kurz, welche Pflichten sich aus § 2 (Absatz 3) der Hygiene-Verordnung für das Friseurhandwerk ergeben.

- *Bei Verletzungen der Haut sind die Hände sorgfältig zu reinigen und diese sowie die zu behandelnde Haut oder Schleimhaut zu desinfizieren.*
- *Für jeden neuen Kunden sind Einmalhandschuhe zu verwenden.*
- *Arbeitsflächen, Geräte und Werkzeuge sind nach jedem Gebrauch zu reinigen oder mind. an jedem Arbeitstag zu desinfizieren.*
- *Scharfe und spitze Werkzeuge erst entsorgen, wenn von ihnen keine Verletzungsgefahr ausgeht.*

6 Erläutern Sie die schrittweise Vorgehensweise einer hygienischen mindestens arbeitstäglichen Aufbereitung von Instrumenten im Friseursalon.

a) Zunächst sofortige Desinfektion der Instrumente zur Vermeidung von Keimverschleppung mit einer Desinfektionslösung.

b) Danach Reinigung der Instrumente zur Beseitigung von Schmutz- und Desinfektionsmittelrückständen.

c) Zuletzt saubere und trockene Aufbewahrung der Instrumente.

Bild 2: Schnelldesinfektion

Lernfeld 1:

In Ausbildung und Beruf orientieren

5 Hygiene

Name:			
Klasse:	Datum:		Blatt-Nr.:

Lernfeld 1

7 Unter Infektion versteht man allgemein das Übertragen, Anhaften oder Eindringen von Krankheitserregern in den Organismus. Ordnen Sie die unten stehenden Abbildungen von Krankheitserregern dem jeweiligen Übertragungsweg in der Tabelle zu, indem Sie Zusammengehöriges mit Pfeilen verbinden.

direkte Infektion **Kontaktinfektion** z.B. durch das Berühren von einem kranken Menschen	direkte Infektion **Tröpfchen- infektion** z.B. durch Husten oder Niesen	direkte Infektion **Selbstüber- tragung** z.B. durch Kratzen und Berühren eigener Wunden	indirekte Infektion z.B. durch Zwi- schenträger, wie Tiere, oder durch das Berühren von verunreinigten Gegenständen	direkte Infektion **Nahrungsmittel- infektion** z.B. durch infizierte Lebensmittel

Bild 2: Infektionswege von Krankheitserregern

8 Durch welche Gesetze und Verordnungen werden Hygienevorschriften und Vorschriften zur Vermeidung von Infektionskrankheiten im Friseurhandwerk geregelt?

*Das **Infektionsschutzgesetz** (IfSG) ist ein bundeseinheitliches Gesetz zur Verhütung und Bekämpfung von Infektionskrankheiten beim Menschen. Dazu gehört eine Meldepflicht bestimmter Infektionskrankheiten durch ausgewiesene Berufsgruppen, um übertragbare Erkrankungen vorzubeugen, Infektionen frühzeitig zu erkennen und ihre Weiterverbreitung zu verhindern. Die in der*

***Hygieneverordnung** (HyV) der Bundesländer auf Grundlage des IfSGs aufgeführten Maßnahmen dienen dem Schutz der Mitarbeiter und Kunden. Die HyV soll verhindern, dass Krankheiten über- tragen werden. Insbesondere wird in der HyV darauf hingewiesen, dass infektiöse Partienten nicht als solche zu erkennen sind.*

Bereiche	Präparat, Einwirkzeit	Vorgehensweise
Hygienische Hände- desinfektion	Hände- und Haut- desinfektion (siehe Einwirkzeit auf dem Etikett)	Auf die trockenen Hände geben, 30 Sek. gründlich einreiben
Arbeitsflächen, Gerätewagen, Oberflächen von Geräten	Wischdesinfektion (siehe Einwirkzeit auf dem Etikett) Schnelldesinfektion (siehe Einwirkzeit auf dem Etikett)	Gründlich wischdesinfizie- ren, einwirken lassen, ent- weder Tuch benetzen und wischen oder aufsprühen und ggf. wischen, einwir- ken lassen
Behandlungs- sessel	Schnelldesinfektion, (siehe Einwirkzeit auf dem Etikett)	Entweder Tuch benetzen und wischen oder auf- sprühen und ggf. wischen, einwirken lassen
Fußböden	Besen, Staubsauger	Fegen des Bodens oder Saugen (mit Bakterienfilter)
Sanitärbereiche, z.B. Toiletten, Waschbecken	Wischdesinfektion, Schnelldesinfektion, (siehe Einwirkzeit auf dem Etikett)	Oberfläche mit Tuch gründ- lich benetzen, einwirken lassen oder aufsprühen und ggf. wischen, einwirken lassen
Instrumente, z.B. Kämme, Scheren, Wickler, Instrumente für kosmetische Be- handlungen etc.	Instrumenten- desinfektion (siehe Einwirkzeit auf dem Etikett) Schnelldesinfektion (siehe Einwirkzeit auf dem Etikett)	Mit Haaren behaftete In- strumente zuerst von Haa- ren befreien Instrumente geöffnet in die Instrumentenwanne ein- legen, sie müssen vollständig mit Lösung bedeckt sein, einwirken lassen, gründlich mit Wasser abspülen, ggf. reinigen, trocknen, anschl. trocken und staubfrei lagern

9 Überprüfen Sie, ob in Ihrem Ausbildungsbetrieb gut einsehbar ein Hygieneplan aushängt. Wenn ja, kontrollieren Sie diesen daraufhin, inwieweit Sie und Ihre Kolleginnen die Vorschriften einhalten. Falls kein Hygieneplan im Salon zugänglich ist, holen Sie dies nach und bestellen Sie einen Hautschutz- und Hygieneplan z.B. bei der Berufsgenossenschaft für Gesundheitsdienst und Wohlfahrtspflege (GBW, Bestellnummer U868a).

Bild 2: Ausschnitt aus Hautschutz- und Hygieneplan

Lernfeld 1:

In Ausbildung und Beruf orientieren

6 Hauterkrankungen und Hautschutz

Name:

Klasse: | Datum: | Blatt-Nr.:

Lernfeld 1

Szenario:

Tag für Tag führen Sie Tätigkeiten im Friseursalon aus, die Ihre Hände, wenn sie nicht geschützt werden, stark belasten! Jedes Jahr müssen daher viele Friseure ihre Ausbildung oder ihre Gesellentätigkeit ungewollt beenden, weil sie z. B. eine Allergie dazu zwingt.

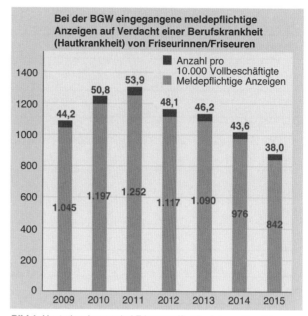

Bild 1: Hauterkrankungen bei Friseuren (Quelle: bgw-online.de)

Aufgaben:

1 Beschreiben und interpretieren Sie die nebenstehende Grafik.

Bild 1 zeigt die Anzahl der Anzeigen einer meldepflichtigen Hauterkrankung (Berufskrankheit) im Friseurhandwerk in der Zeit von 2009 bis 2015. Es ist zu erkennen, dass die Anzahl der Erkrankungen seit dem Jahr 2009 von 44,2 Erkrankungen pro 10.000 Versicherte in den Jahren 2010 und 2011 auf 53,9 Erkrankungen pro 10.000 Versicherte zugenommen hat. Seit dem Jahr 2012 sinkt die Anzahl der gemeldeten Hauterkrankungen jedoch wieder.

Der Rückgang der Berufskrankheiten kann in einer erhöhten Bereitschaft der Friseurinnen zur Anwendung Hautschutz begleitender Maßnahmen begründet sein.

2 Um zu überprüfen, wie viele hautbelastende Tätigkeiten Ihre Hände tagtäglich ausführen müssen, tragen Sie zunächst Ihren Namen in dem „Tagesplan der Hände" (auf der nächsten Seite) ein.

3 Füllen Sie nun die linke Spalte der Tabelle (Tagesplan) aus. Schreiben Sie dazu stichwortartig alle hautbelastenden Tätigkeiten auf, die Ihre Hände während eines Arbeitstages bewältigen müssen.

4 Geben Sie Ihren Tagesplan an Ihre rechte Sitznachbarin weiter. Entsprechend erhalten Sie den Tagesplan Ihrer linken Sitznachbarin.

5 Füllen Sie jetzt die rechte Spalte der Tabelle (Hautschutzmaßnahme) folgendermaßen aus: Mithilfe des Hautschutzplanes der BGW, den Sie Ihrem Fachkundebuch oder dem Internet entnehmen können, sollen passend zu den Tätigkeiten der Hand Hautschutzmaßnahmen formuliert werden.

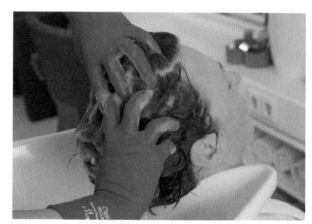

Bild 2: Hautbelastende Tätigkeit

6 Geben Sie das Arbeitsblatt nach Fertigstellung wiederum an Ihre rechte Nachbarin zurück; entsprechend erhalten Sie auch ein Arbeitsblatt von Ihrer linken Sitznachbarin. Diese kontrolliert, ob die gewählten Hautschutzmaßnahmen für die jeweilige Tätigkeit angemessen sind. Wenn nicht, ergänzt oder berichtigt sie die Angaben.

Der Tagesplan der Hände von _____

Tagesplan	Hautschutzmaßnahmen

individuelle Lösung

Lernfeld 1:	Name:		
In Ausbildung und Beruf orientieren	Klasse:	Datum:	Blatt-Nr.:
6 Hauterkrankungen und Hautschutz			

Lernfeld 1

Szenario:

Anja ist jetzt seit ca. drei Monaten Friseurauszubildende. Sie führt die ihr übertragenen Arbeiten wie Waschen, Fönen, Wickeln zur Zufriedenheit ihrer Chefin sorgfältig aus. Nach der Arbeit reinigt Anja mit ihren Kolleginnen den Salon. Als sie jedoch abends nach einem langen Tag nach Hause kommt, brennt und juckt die Haut an den Fingern (Bild 1). „Na ja", denkt sich Anja, „wird wohl nicht so schlimm sein, oder? Morgen ist es bestimmt schon wieder vorüber!"

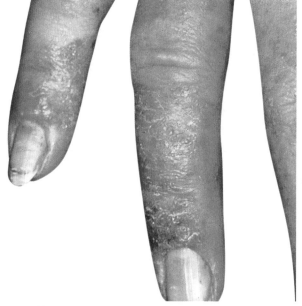

Bild 1: Allergisches Kontaktekzem

7 Anja macht sich Sorgen über ihre zunehmend stärker juckenden Finger und das Brennen der Haut. Ist ihre Sorge begründet? Nehmen Sie kurz Stellung!

Ja, Anjas Sorgen sind begründet, weil sie deutliche Zeichen einer überstrapazierten Haut zeigt: ein beginnendes Ekzem. Dies ist besonders gefährlich und daher mit Sorge zu betrachten, weil sich daraus ein allergisches Kontaktekzem entwickeln könnte, was Anja zum Abbruch ihrer Friseurausbildung zwingen könnte.

8 Fertigen Sie jeweils eine kurze Definition zu den folgenden Begriffen an:

Allergie: *Überempfindlichkeitsreaktion des Körpers auf harmlose Stoffe.*

Allergene: *Allergieauslösende Substanzen wie z. B. Nickel oder Chrom.*

Antikörper: *Bilden die weißen Blutkörperchen, um Allergene unschädlich zu machen.*

9 Beschreiben Sie mit eigenen Worten, wie ein allergisches Kontaktekzem entsteht.

Die Allergene dringen in den Körper ein und werden von den weißen Blutkörperchen zu den Lymphknoten transportiert, in denen Antikörper gebildet werden (= Sensibilisierungsphase). Nach erneutem Kontakt mit dem Allergen kann ein Kontaktekzem ausgelöst werden, weil in den Lymphknoten übermäßig viele Antikörper gebildet werden, die nun auch hauteigene Zellen angreifen (= Auslösephase).

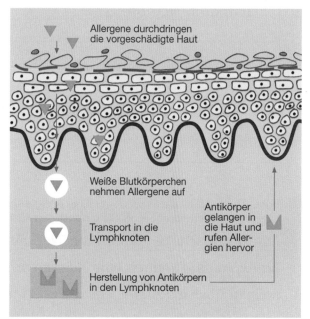

Allergene durchdringen die vorgeschädigte Haut

Weiße Blutkörperchen nehmen Allergene auf

Transport in die Lymphknoten

Herstellung von Antikörpern in den Lymphknoten

Antikörper gelangen in die Haut und rufen Allergien hervor

Bild 2: Entstehung eines allergischen Kontaktekzems

Lernfeld 1:	Name:		
In Ausbildung und Beruf orientieren	Klasse:	Datum:	Blatt-Nr.:
6 Hauterkrankungen und Hautschutz			

Lernfeld 1

10 Welche Hautschutzmaßnahmen werden hier dargestellt? Beschreiben Sie!

1. _Hände gründlich waschen._ _____
   _____
   _____

2. _Hände gut abtrocknen, auch zwischen den_ ____
   Fingern. _____
   _____

3. _Hände mehrmals täglich gründlich eincremen,_
   auch zwischen den Fingern. _____
   _____

4. _Geeignete Schutzhandschuhe tragen._ _____
   _____
   _____

5. _Konzentrate verdünnen und damit die_ _____
   haut- und haarschädigende Wirkung der _____
   Präparate herabsetzen. _____

6. _Auftraghilfen verwenden._ _____
   _____
   _____

11 Handschuhe sollen die Friseurin vor einer Allergie schützen. Viele Auszubildenden tragen daher Handschuhe aus Latex, die jedoch ebenso eine Allergie auslösen können. Wie ist das möglich?

Latexhandschuhe werden aus Naturkautschuk hergestellt, die darin enthaltenen

Latexproteine können eine Allergie auslösen. Dabei können die Allergene

sowohl über die Atemwege als auch über die Haut aufgenommen werden.

_____

Lernfeld 1:	Name:		
In Ausbildung und Beruf orientieren	Klasse:	Datum:	Blatt-Nr.:
7 Schutzhandschuhe			

Lernfeld 1

Szenario:

Von ihrer Arbeitskollegin Sabine hat Anja einen Waschhandschuh aus Latex bekommen, um ihre Hände zu schützen. Leider hat Sabine den Handschuh schon mehrfach verwendet, sodass der Handschuh etwas feucht von innen ist. Außerdem hat Sabine viel größere Hände als Anja.

Aufgaben:

1. Nehmen Sie kurz Stellung zur dargestellten Situation.

2. Beschaffen Sie sich verschiedene Schutzhandschuhe, z.B. Nitrilhandschuhe, Latexhandschuhe, Vinylhandschuhe, Einmalhandschuhe aus Polyethylen, Haushaltshandschuhe aus Neopren oder andere.

3. Testen Sie die Handschuhe nach den folgenden Prüfkriterien und kreuzen Sie jeweils „stimmt" oder „stimmt nicht" als Messergebnis in der Tabelle an.

Handschuhe	Nitrilhandschuh		Latexhandschuh		Vinylhandschuh	
Prüfkriterien	stimmt	stimmt nicht	stimmt	stimmt nicht	stimmt	stimmt nicht
Der Handschuh ist ausreichend beständig gegenüber warmem Wasser und Shampoo.						
Der Handschuh ist so reißfest, dass er bei normalen Belastungen, wie z.B. beim An- und Ausziehen, nicht beschädigt wird.						
Der Handschuh entspricht in Größe und Passform meinen Händen.						
Die Stulpe des Handschuhs reicht deutlich über mein Handgelenk, sodass keine Flüssigkeit in das Handschuhinnere gelangen kann.						

Individuelle Lösung

Handschuhe	Einmalhand-schuh aus Polyethylen		Haushaltshand-schuh aus Neopren			
Prüfkriterien	stimmt	stimmt nicht	stimmt	stimmt nicht	stimmt	stimmt nicht
Der Handschuh ist ausreichend beständig gegenüber warmem Wasser und Shampoo.						
Der Handschuh ist so reißfest, dass er bei normalen Belastungen, wie z.B. beim An- und Ausziehen, nicht beschädigt wird.						
Der Handschuh entspricht in Größe und Passform meinen Händen.						
Die Stulpe des Handschuhs reicht deutlich über mein Handgelenk, sodass keine Flüssigkeit in das Handschuhinnere gelangen kann.						

Individuelle Lösung

Lernfeld 1:

In Ausbildung und Beruf orientieren

7 Schutzhandschuhe

Name:

Klasse: | Datum: | Blatt-Nr.:

Lernfeld 1

4 Werten Sie Ihre Prüfungsergebnisse im Plenum interpretierend aus und geben Sie bitte an, für welche Tätigkeiten der jeweilige Handschuh geeignet ist.

Schutzhandschuhe	Tätigkeiten
Nitrilhandschuh	– *Mischen, Auftragen und Auswaschen von Friseurchemikalien* – *Shampoonieren* – *Styling* – *Kopfmassage mit Haarpflegemitteln*
Latexhandschuh	– *Shampoonieren* – *Kopfmassage mit Haarpflegemitteln* – *Auftragen und Auswaschen von Pflegemitteln*
Vinylhandschuh	– *Überprüfen von farb- und form-verändernden Haarbehandlungen* – *Fixieren* – *Aufemulgieren von Farben, Tönungen und Blondierungen*
Einmalhandschuh	– *Eher ungeeignet, da sie schnell reißen, eine schlechte Passform haben und leicht durchlässig sein können*
Haushaltshandschuh	– *Nassreinigung oder Desinfektion von Arbeitsmitteln, Geräten, Werkzeugen und Arbeitsräumen*

Lernfeld 1:

In Ausbildung und Beruf orientieren

8 Gesundheitsschutz

Name:

Klasse: | Datum: | Blatt-Nr.:

Lernfeld 1

Szenario:

Anja arbeitet jeden Tag acht Stunden im Friseursalon „Haargenau". Sie wäscht, trägt Tönungen auf, schaut bei Haarschnitten zu und wickelt Dauer- und Wasserwellen am Übungskopf. Schon in der Mittagspause jedoch kann Sie vor Schmerzen im Rücken, in den Beinen und Füßen kaum noch stehen. „Ob mein Körper diese Belastungen noch lange verkraften kann?", überlegt Anja.

Bild 1: Vorwärtswäsche

Aufgaben:

1 Schauen Sie sich die Fotos aus Anjas Friseuralltag genau an.

2 Beschreiben Sie die Abbildungen und bewerten Sie diese!

Bild 1:

– Ungesunde Haltung

– Belastung der Wirbelsäule

– Nach vorne gebeugtes Stehen

Bild 2:

– Ungesunde Haltung

– Belastung der Wirbelsäule

– Nach vorne gebeugtes Stehen

– Falsche Arbeitshöhe des Übungs-

* kopfes*

Bild 2: Arbeiten am Übungskopf

Bild 3:

– Belastung der Füße und Beine

* durch ungeeignetes Schuhwerk*

– Zusätzliche Belastung der Rücken-

* muskulatur und der Wirbelsäule*

* durch Fehlhaltungen*

Bild 3: Schlechtes Schuhwerk

3 Finden Sie sich in Kleingruppen zusammen und schauen Sie sich die rückenentlastenden Übungen in Ihrem Fachbuch oder im Internet an.

   a) Erarbeiten Sie gemeinsam fünf Tipps auf einer OHP-Folie, wie Anja den in Aufgabe 2 beschriebenen Belastungen entgegenwirken kann.

   b) Präsentieren Sie Ihre Tipps der Klasse zum einen mithilfe der OHP-Folie und zum anderen mit eigenen Demonstrationen zum Veranschaulichen der Übungen.

   c) Notieren Sie alle Tipps zur Vermeidung von Beschwerden an Beinen, Rücken und Füßen, die die Klasse gemeinsam erarbeitet hat, in Ihren Unterlagen.

	Lernfeld 1:	Name:			
	In Ausbildung und Beruf orientieren	Klasse:		Datum:	Blatt-Nr.:
	8 Gesundheitsschutz				

Lernfeld 1

4 Geben Sie Beispiele für Tätigkeiten im Friseursalon, die den Körper belasten. Füllen Sie dazu die Tabelle aus.

Bewegungsformen und Körperhaltungen	Tätigkeiten im Friseursalon
Statische und dynamische Schulter- und Armarbeit	*z. B. Föhnen, Schneiden, farbverändernde Haarbehandlungen, Kopfmassagen, Lagerarbeiten, Reinigungstätigkeiten usw.*
Stehen (allgemein)	*z. B. Anreichen von Gegenständen, alle Tätigkeiten am Kunden (Bedienungs-platz), die nicht mithilfe einer Stehhilfe durchgeführt werden, Unterweisungen und Beobachtungen usw.*
Gebücktes Stehen	*z. B. Vorwärts- und Rückwärtshaar-wäsche, Reinigungsarbeiten usw.*

5 Erarbeiten Sie mit Ihrer Sitznachbarin Regeln für eine ausgewogene, abwechslungsreiche und vollwertige Ernährung mithilfe des DGE-Ernährungskreises (Bild 1). Dieser zeigt auf einen Blick, wie sich eine vollwertige Ernährung zusammensetzt und bietet Orientierung für eine gesundheitsbewusste Lebensmittelauswahl.
Berücksichtigen Sie dabei die sieben Lebensmittelgruppen, die dargestellten Mengenverhältnisse sowie die Lebensmittelvielfalt der einzelnen Gruppen.

Z. B. „Die zehn Regeln der DGE":

① Vielseitig essen ② Reichlich Getreideprodukte und Kartoffeln ③ Viel Obst und Gemüse ④ Täglich Milch und Milchprodukte, ein- bis zwei-mal die Woche Fisch, Fleisch und Wurstwaren in Maßen ⑤ Wenig Fett und fettreiche Lebens-mittel ⑥ Wenig Zucker und Salz ⑦ Reichlich Flüssigkeit ⑧ Schmackhaft und schonend zubereiten ⑨ Zeit beim Essen nehmen ⑩ Auf das Gewicht achten, in Bewegung bleiben

Bild 1: DGE-Ernährungskreis®, Copyright: Deutsche Gesellschaft für Ernährung e. V., Bonn

Lernfeld 1:	Name:			
In Ausbildung und Beruf orientieren	Klasse:	Datum:		Blatt-Nr.:
8 Gesundheitsschutz				

Szenario:

Im Friseursalon „Haargenau" „brummt" es! Alle Behandlungsplätze sind besetzt und auch das Wartezimmer ist bis zum letzten Platz gefüllt. Frau Müller, die Salonleitung, drängt Anja nun bereits zum dritten Mal, sie möge saubere Handtücher aus dem Trockner holen. Anja ist aber immer noch damit beschäftigt, die Haarkur bei der Kundin aufzutragen. Außerdem hat diese bereits einen Kaffee und eine Zeitschrift bestellt ...

6 Kennen Sie das? Alles soll möglichst gleichzeitig erledigt werden und „jeder" möchte etwas von Ihnen!?
Wie gestresst fühlen Sie sich an manchen Tagen? Machen Sie den Test.
Tragen Sie in der Spalte „Häufigkeit" die Zahlen 0 bis 3 ein; diese stehen für „nie" bis „sehr oft". Verfahren Sie ebenso in der Spalte „Bewertung" und tragen Sie hier ebenfalls die Zahlen 0 bis 3 ein; diese stehen für „nicht störend" bis „stark störend".

Multiplizieren Sie anschließend die zwei Zahlen miteinander und tragen Sie das jeweilige Ergebnis (Produkt) in die Spalte „Belastung" ein.

Stressoren	Häufigkeit			x	Bewertung			=	Belastung
	Nie	Manchmal	Häufig	Sehr oft	Nicht störend	Kaum störend	Ziemlich störend	Stark störend	Produkt
	0	1	2	3	0	1	2	3	
Termin-, Zeitdruck									
Störungen, zum Beispiel bei der Arbeit									
Dienstreisen									
Ungenaue Anweisungen und Vorgaben									
Verantwortung									
Aufstiegswettbewerb/Konkurrenzkampf									
Multitasking									
Konflikte am Arbeitsplatz									
Ärger mit dem Chef									
Ärger mit Kunden									
Ungerechtfertigte Kritik									
Dauerndes Telefonklingeln									
Informationsüberflutung									
Neuer Verantwortungsbereich									
Umweltbelastungen wie Lärm oder Schmutz									
Bildschirmarbeitsplatz									
Mangelhafte Kommunikation									
Autofahrt in der Stoßzeit									
Schulschwierigkeiten der Kinder									
Doppelbelastung Familie und Beruf									
Ärger mit der Verwandtschaft									
Krankheitsfall in der Familie									
Hausarbeit									
Rauchen									
Alkoholkonsum									
Übermäßige Kalorienzufuhr									
Bewegungsmangel									
Schwierigkeiten bei Kontaktaufnahme									
Unerfreuliche Nachrichten									
Konflikte mit Kindern									
Fehlende Erholungszeiten									
Menschenansammlung									
Trennung vom (Ehe-)Partner/von der Familie									
Einkaufen in der Stoßzeit									
Hohe laufende Ausgaben/Schulden									
Misserfolge									
Ärztliche Untersuchungen									
Sorgen									
Unzufriedenheit mit dem Aussehen									
Eigene Beispiele:									

Liegen mehr als zehn Produktwerte über vier, sollten Sie Techniken zur Stressreduktion lernen.

Ergebnis

Bild 1: Stresstest

„Mehr zum Thema „Stress" erfahren Sie bei der Techniker Krankenkasse unter www.tk.de, wenn Sie auf der TK-Homepage in die Suche den Webcode 036166 eingeben."

	Lernfeld 1:	Name:			
EUROPA LEHRMITTEL	In Ausbildung und Beruf orientieren	Klasse:	Datum:		Blatt-Nr.:
	8 Gesundheitsschutz				

Lernfeld 1

7 Geben Sie einander fünf Tipps zur Vermeidung von Stress.

Z. B. den Handlungsspielraum erweitern:
Arbeiten gemeinsam planen, einteilen, ausführen
und kontrollieren, Tätigkeitsbereiche regelmäßig
wechseln, kurze Pausen einlegen, Mittagspausen
einhalten und eine kleine Mahlzeit einnehmen,
Ausgleichsübungen am Arbeitsplatz, aktive
Freizeitgestaltung, Erlernen und Anwenden von
Entspannungstechniken usw.

Bild 1: Yoga

8 Nennen Sie sechs häufige Stressfaktoren.

– Private und berufliche Konflikte; – unklare Arbeitsaufträge und Erwartungen;
– Termindruck/Hektik; – schlechtes Arbeitsklima; – Überforderung;
– unregelmäßige Pausen usw.

9 Erläutern Sie, warum einige Personen besser als andere mit Stress umgehen können.

Einige Personen können besser als andere mit Stress umgehen, weil Sie zusätzliche
Ressourcen haben. Das bedeutet, manche Personen besitzen mehrere Möglichkeiten, mit
schwierigen Situationen umzugehen. Dies gelingt z. B. durch gute Organisation der Arbeit,
eine vertrauensvolle Kommunikationsstruktur und eine ausgeglichene Lebensgestaltung.

10 Nennen Sie a) vier kurzfristige (direkte) und b) zwei mittel-/langfristige Auswirkungen von Stress.

a) *z. B. Spannungsgefühl, innere Unruhe, Angst, Ärger, Frustration*

b) *z. B. Schlaflosigkeit, gesundheitliche Beschwerden, Suchtmittelkonsum, Energiemangel*

11 Geben Sie eine kurze Definition von Stress. Klären Sie dabei auch die Begriffe „Eustress" und „Disstress".

Stress ist eine Reaktion des Körpers, die
den Menschen aus seinem persönlichen
Gleichgewicht bringen kann und damit
psychische und körperliche Auswirkun-
gen haben kann. Negativer Stress,
sogenannter Disstress, kann jedoch
schädlich sein und Krankheiten ver-
ursachen. Positiver Stress, Eustress,

Bild 2: Stress

kann leistungssteigernder, das Leben interessanter und weniger langweilig machen.

Lernfeld 1:	Name:		
In Ausbildung und Beruf orientieren	Klasse:	Datum:	Blatt-Nr.:
9 Arbeitsschutz und Unfallverhütung			

Lernfeld 1

Information:

Die Unfallverhütung für den Friseurberuf ist durch die Vorschriften geregelt, die von der zuständigen Unfallversicherung – der Berufsgenossenschaft für Gesundheitsdienst und Wohlfahrtspflege (BGW) – genehmigt worden sind. Die typischen Unfälle im Friseurhandwerk werden durch Stürze, scharfe und spitze Werkzeuge, Friseurchemikalien, hohe Temperaturen und/oder Strom verursacht. Zur Vermeidung von Unfällen ist es daher wichtig, dass Sie die Unfallgefahren, also die Gefahrquellen, kennen und Regeln zur Vermeidung von Unfällen beachten!

Aufgaben:

1. Benennen Sie mögliche Unfallschäden oder Verletzungen, die aus den bildlich dargestellten Gefahrenquellen (s. diese sowie die Folgeseite) resultieren können.

2. Erarbeiten Sie wesentliche Regeln zur Vermeidung von Unfällen.

Gefahren-quellen	Mögliche Unfallschäden oder Verletzungen	Regeln zur Vermeidung von Unfällen
①	Stichverletzungen und Schnittwunden durch Handwerkszeug wie Scheren, Rasiermesser, Efiliergeräte, Stilkämme, Cutter usw., Infektionsgefahr	– Werkzeuge, spitze und scharfe Arbeitsgeräte nicht in der Kitteltasche, sondern auf der Ablage des Bedienungsplatzes sowie dem Beistellwagen ablegen – Geschlossene Schuhe tragen
②	Stromschlag, Brandverletzungen durch Elektrounfälle	– Stromkabel am Netzstecker vorsichtig herausziehen – Geräteschnur nicht verknoten – Beschädigte Geräte oder Netzkabel nicht verwenden – Elektrische Geräte niemals in unmittelbarer Nähe zu Wasser verwenden
③	Stürze und Brüche	– Nicht auf bewegliche Stühle oder Tische steigen – TÜV-geprüfte Trittleitern verwenden

Lernfeld 1:	Name:		
In Ausbildung und Beruf orientieren	Klasse:	Datum:	Blatt-Nr.:
9 Arbeitsschutz und Unfallverhütung			

Lernfeld 1

Gefahren-quellen	Mögliche Unfallschäden oder Verletzungen	Regeln zur Vermeidung von Unfällen
④	Verätzungen durch Chemikalien	– Gebrauchs- und Verdünnungsvorschriften beachten – Hautkontakt vermeiden – Handschuhe tragen
⑤	Brandverletzungen	– Föhne, Lockenstäbe, Glätteisen, Trocken-hauben und andere hitzeerzeugende Geräte auskühlen lassen, bevor sie gereinigt und verstaut werden – Direkten Kontakt mit den Heizstäben vermeiden
⑥	Stürze und Brüche	– Haare zusammenfegen und entsorgen – Heruntergefallene Gegenstände wie Wickel o. Ä. aufheben
⑦	Stürze und Brüche	– Wassertropfen oder verschüttete Präparate, auch Kaffee oder Tee, sofort aufwischen – Nach dem feuchten Wischen trocken nachwischen oder vor dem Betreten den Fußboden trocknen lassen

Lernfeld 1:

In Ausbildung und Beruf orientieren

9 Arbeitsschutz und Unfallverhütung

Name:

Klasse: | Datum: | Blatt-Nr.:

Lernfeld 1

3 Definieren Sie a) „allgemeinen Arbeitsschutz" und b) „sozialen Arbeitsschutz".

a) Regelungen zum allgemeinen Arbeits-

schutz sollen das Leben und die Gesund-

heit der Arbeitnehmerinnen schützen.

b) Der soziale Arbeitsschutz beinhaltet

allgemeine Regeln zu Arbeitszeiten,

Kündigung oder dem Jugendarbeits-

schutzgesetz.

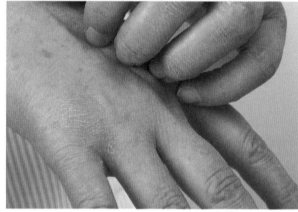

Bild 1: Abnutzungsekzem

4 Erläutern Sie allgemein die Vorgaben der Arbeitsstättenverordnung (ArbStättV).

Die Arbeitsstättenverordnung schreibt vor, wie gewerblich genutzte Räume beschaffen sein

müssen, damit von ihnen keine Gefahr für die Gesundheit der Beschäftigten ausgeht. Für

das Friseurhandwerk gelten Bestimmungen zur Lüftung, Beleuchtung, Beschaffenheit der

Böden und zum Nichtraucherschutzgesetz.

5 a) Wie heißt die gesetzliche Regelung zur Vermeidung von Hauterkrankungen, die die Berufsgenossenschaft für Gesundheitsdienst und Wohlfahrtspflege zur Verhütung von Unfällen und Berufskrankheiten erlassen hat?

Technische Regel für Gefahrstoffe (TRGS) 530

b) Welche zwei Regelungen sind in ihr zusammengefasst? Beschreiben Sie.

1. Die Betriebsanweisung. Sie beinhaltet die Bezeichnung der Arbeitsstoffe, ausgehende

Gefährdungen, allgemeine Verhaltensregeln, organisatorische und hygienische Schutz-

maßnahmen, Verbote zu Erste-Hilfe-Maßnahmen.

2. Der Hautschutzplan, der aushangpflichtig ist. Er zeigt übersichtlich auf, bei welchen Tätig-

keiten die Hände mit welchen Produkten geschützt, gereinigt und gepflegt werden sollten.

6 a) Wie heißt der Träger der für die Friseure zuständigen Unfallversicherung, b) wo hat er seinen Sitz und c) wer bezahlt die Beiträge dieser Unfallversicherung?

a) Berufsgenossenschaft für Gesundheits-

dienst und Wohlfahrtspflege (BGW)

b) Seit 1947 ist der Sitz der BGW in

Hamburg.

c) Die gesetzliche Unfallversicherung ist

eine Haftpflichtversicherung für Unter-

nehmer, deshalb zahlen für die gesetz-

liche Unfallversicherung allein die

Arbeitgeber die Beiträge.

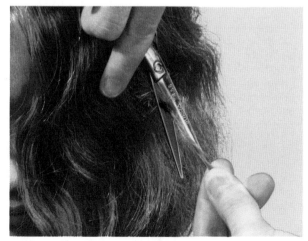

Bild 2: Gefahr von Schnitt- und Stichverletzungen

Lernfeld 1: **In Ausbildung und Beruf orientieren** 10 Atemwegserkrankungen	Name:		
	Klasse:	Datum:	Blatt-Nr.:

Lernfeld 1

Szenario:

Anja kämmt das Haar einer Stammkundin, während Randa am Nebenplatz das Frisuren-finish durchführt. Da das Wetter an diesem Tag regnerisch und stürmisch ist, will Randa das Haar ihrer Kundin besonders schützen und trägt reichlich Haarspray auf. Dicke Schwaden Haarspray ziehen durch den Salon (Bild 1). Anja beginnt zu husten.

Aufgaben:

1 Äußern Sie sich kurz zum dargestellten Szenario.

2 Lesen Sie dann die Informationen in dem Kasten sorgfältig durch.

Bild 1: Haarsprays können die Atemluft belasten

3 Erarbeiten Sie gemeinsam mit Ihrer Sitznachbarin mögliche Schäden, die durch die genannten Gefahrenquellen entstehen können sowie Tipps zur Vermeidung dieser Schäden. Füllen Sie dazu die Tabelle unten aus.

Information:

Atemwegserkrankungen können entstehen, wenn über längere Zeit Stäube und Dämpfe eingeatmet werden. Friseure sind im Salon in einem eher feuchtwarmen Klima diversen, leicht flüchtigen Inhaltsstoffen ausgesetzt. Die Atemluft wird belastet durch Dämpfe, die aus chemischen Präparaten wie Dauerwellflüssigkeiten, Haarfarben oder Blondierungen frei werden. Sie können mit der Atmung ins Blut und so in den gesamten Körper gelangen. Kopfschmerzen sowie Schwindelgefühle könne die Folge sein. Auch Staub- und Schwebstoffe reizen die Atemwege und gefährden dadurch die Bronchien und die Lunge.
Ebenso belasten gelöste Kunstharze, die beim Arbeiten mit Haarspray frei werden, die Atemwege. Auswirkungen können u. a. eine Reizung der Atemwege, ein Verkleben der Bronchien und der Lunge, Atemnot und asthmatische Zustände sein.

Gefahrenquellen	Mögliche Schäden	Vermeidung
Dämpfe aus chemischen Präparaten wie Dauerwellflüssig-keiten, Haarfarben oder Blondierungen	– *Reizung der Atemwege* – *Aufnahme der Giftstoffe über das Blut in den Körper* – *Kopfschmerzen* – *Schwindelgefühl*	– *Zügig arbeiten* – *Abstand halten* – *Räume gut lüften* – *Abzüge installieren*
Staub- und Schweb-stoffe, die beim Arbeiten mit Blondier-pulver und Pflanzen-farben in die Atemluft entweichen	– *Reizung der Atemwege* – *Gefährdung der Bronchien und der Lunge*	– *Staubfreie Produkte verwenden* – *Räume gut lüften* – *Abzüge installieren*
Gelöste Kunstharze, die beim Arbeiten mit Haarspray in die Atemluft gelangen	– *Reizung der Atemwege* – *Verkleben der Bronchien und der Lunge*	– *Sorgfältig arbeiten* – *Produkte sparsam nutzen* – *Abstand halten* – *Sprühnebel nicht direkt einatmen*

Lernfeld 1:

Orientierung im Beruf

11 English: A multilingual salon

Name:

Class: | Date: | Page No

Lernfeld 1

Situation:

*Anja works in the salon **Haargenau** which has a lot of customers from foreign countries. Therefore, it is very important for all employees to speak good English. Frau Schmidt, the owner of the salon, who lived in London for ten years, wants her colleagues to improve their English. She asked a friend of hers from London, if her daughter Susan, also an apprentice hairdresser, wants to do her work experience in Germany. To prepare for Susan's arrival, Frau Schmidt wants Anja to write a leaflet describing all the day to day activities, as well as the client services.*

Picture 1: Day to day activities

Your tasks:

1 Label the pictures above with the matching descriptions:

A: doing the laundry	**E:** tidying up and cleaning the salon	**I:** assisting the hairdresser
B: making coffee	**F:** having a lunch break	**J:** cleaning the tools and equipment
C: cleaning the floor	**G:** leaving the salon	**K:** putting on a uniform
D: entering the salon	**H:** taking money to the bank	**L:** wiping the floor

2 Organize all day to day activities according to the time.

1)	D	2)	K	3)	B	4)	I	5)	C	6)	F
7)	J	8)	A	9)	H	10)	E	11)	L	12)	G

3 Transfer to your own daily routine:

At _____ o'clock I enter the salon. Next/At _____ I _____

_____

individual solutions

_____

Lernfeld 1

1. You have won in the lottery and want to open an ultra-modern salon.
   Create a groundplan including all areas, fittings and equipment in your salon.

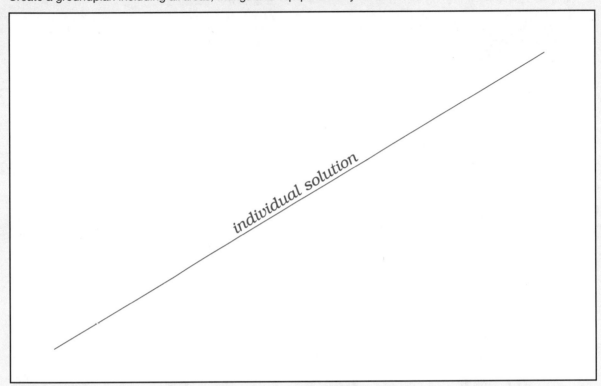

2. Work together with a partner and take turns to describe your salon's groundplan to them. Make sure that your groundplan cannot be seen. Draw each other's salon and then check if you listened correctly.

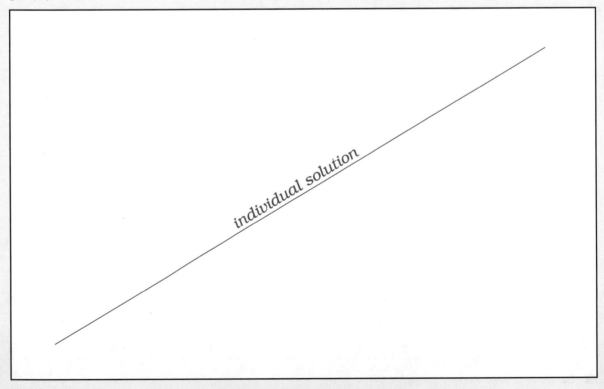

3. Compare the two salons and find out the differences and similarities between the two.

4. Was there any wasted space? How could the space have been used more efficiently?

5. Take the best of each salon and create a poster showing the groundplan of an 'Ideal Salon' in Germany.

Szenario:

In der Berufsschule unterhält sich Anja mit einer Mitschülerin, die im Salon Berufskleidung trägt. „Wir tragen alle eine salonspezifische Kleidung", erzählt die Auszubildende. „Warum?", fragt Anja ihre Mitschülerin.

Aufgaben:

1 Was meinen Sie? Könnte das Tragen von Berufskleidung im Friseursalon Vorteile bringen? (Bild 1).

Einheitliche Kleidung der Friseurinnen, Kunde kann die Mitarbeiterinnen erkennen, Kleidung ist seriös und angemessen, Friseurin kann die private Kleidung schonen.

Bild 1: Gepflegtes/ungepflegtes Erscheinungsbild der Friseurin

2 Erläutern Sie die Vorbildfunktion der Friseurin für die Kundin.

Die Friseurin hat eine Vorbildfunktion, da sie viele Kundinnen bei der Auswahl ihrer Frisur oder ihres Make-ups beeinflusst. Viele Kundinnen bekommen durch das Aussehen der Friseurin Impulse und Anregungen, oder aber auch eine bessere Vorstellung von ihrer eigenen Wunschfrisur.

3 Erklären Sie den Einfluss eines ungepflegten und eines gepflegten Erscheinungsbildes der Friseurin auf die Kunden und der Arbeit im Salon (Bild 1).

Für viele Kundinnen hat die Friseurin eine Vorbildfunktion. Wenn eine Kundin den Salon betritt und noch eine Weile in der Warteecke Platz nimmt, ist der erste Eindruck, den die Friseurin mit einem gepflegten oder ungepflegten Eindruck vermittelt, enorm wichtig. Er ist oft mitentscheidend für Vertrauen und Sympathie.

4 Beschreiben Sie, welche Umgangsformen der Friseurin die Arbeit im Salon positiv beeinflussen können.

Gute Umgangsformen der Friseurin beeinflussen die Arbeit im Salon positiv. Dazu zählen u. a. Freundlichkeit, Höflichkeit, Taktgefühl, Verschwiegenheit, Etikette sowie eine angemessene nonverbale wie verbale Kommunikation.

5 Die persönliche Einstellung zum Friseurberuf ist wichtig für den beruflichen Erfolg. Erläutern Sie diese Aussage.

Die persönliche Einstellung überträgt sich auf den Umgang mit den Kunden. Durch eine positive Selbsteinstellung gewinnt die Friseurin an Überzeugungskraft und Glaubwürdigkeit (wichtig beim Beraten und Verkaufen). Das gilt ebenfalls für die positive Einstellung zu den Kunden (Geduld, Ehrlichkeit, Hilfsbereitschaft).

Lernfeld 2

Lernfeld 2

Szenario:

Frau Wilde steht an der Rezeption und studiert interessiert die vor ihr liegenden Karteikarten, als eine Kundin den Salon betritt. Leider ist sie in die Arbeit versunken, sodass sie die eintretende Kundin weder bemerkt oder begrüßt (Bild 1).

Aufgaben:

1. In einer kurzen Arbeitspause nimmt Sarah, die Gesellin im „Haargenau", Frau Wilde zur Seite und kritisiert das Vorgehen an der Rezeption. Was könnte Sarah gesagt haben?

Die Kundin sollte sofort, wenn sie den Salon betritt, von der Rezeptionistin oder einer Friseurin angesprochen und begrüßt werden. Eine solche Missachtung der Kundin verärgert diese und die Kundin fühlt sich nicht wertgeschätzt oder willkommen.

Bild 1: Frau Wilde studiert die Karteikarten

2. Beschreiben Sie einige Hinweise für einen professionellen Kundenempfang.

Z.B. Blickkontakt herstellen, freundliche Grundeinstellung zeigen, Tür aufhalten, Mantel abnehmen, Bedienungsplatz oder Warteplatz anbieten, bei längeren Wartezeiten höflich darauf hinweisen, Zeitschriften und Getränke anbieten, Stammkunden mit Namen ansprechen und evtl. per Handschlag begrüßen, höfliche Umgangsformen beherrschen.

3. Überlegen Sie im Klassenplenum: **a)** Welche Service-leistungen können Sie Ihren Kundinnen anbieten? **b)** Über welche Eigenschaften oder Kenntnisse (Ressourcen) müssen Sie dazu verfügen?

- Halten Sie Ihre Ergebnisse mithilfe einer Karten-abfrage fest: Schreiben Sie dazu groß und deutlich in DRUCKBUCHSTABEN jeweils eine Nennung zur Frage 3a) auf ein grünes DIN-A4-Papier und zur Frage 3b) auf ein rotes Papier. Sie können auch mehrere Nennungen aufschreiben, nehmen Sie dazu jedoch stets ein neues Blatt Papier!

- Erläutern Sie Ihre Nennungen einzeln vor der Klasse und fixieren Sie diese an der Tafel. Sie können Ihr Papier entweder anderen bereits angehefteten Nen-nungen zuordnen oder einzeln anhängen, erläutern Sie jedoch jeweils Ihre Intentionen. Doppelte Nen-nungen werden auf einander geheftet und nicht abgenommen.

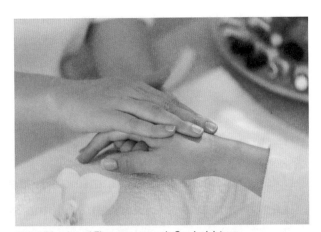

Bild 2: Hand- und Fingermassage als Serviceleistung

- Im Anschluss notieren Sie die genannten Serviceleistungen und die dazu notwendigen Ressourcen in Ihren Unterlagen.

Szenario:

Frau Heine betritt den Salon „Haargenau".
Sofort geht Frau Wilde auf sie zu und hilft der
Kundin aus dem Mantel. Auch den Hut nimmt
sie ihr vom Kopf, denn sie möchte Frau Heine
sehr zuvorkommend begegnen.

4 Beurteilen Sie das Verhalten der Rezeptionistin?

‒ *Kundin kann sich überrumpelt*

  fühlen

‒ *Frau Wilde dringt ungefragt in*

  Frau Heines Intimzone ein

‒ *Auftreten zu forsch*

Bild 1: Kompetenter Empfang einer Kundin

5 Erläutern Sie, wie eine Friseurin oder Rezeptionistin grundsätzlich beim Empfang einer Kundin vorgehen sollte.

‒ *Sich der Kundin zuwenden*

‒ *Freundlich mit Tageszeit entsprechendem Gruß begrüßen*

‒ *Stammkunden ggf. per Handschlag und Namen begrüßen*

‒ *Beim Ablegen der Kleidung helfen, wenn gewünscht*

6 Um in einem Beratungsgespräch den Kundenwunsch zu ermitteln, hat die Friseurin zwei unterschiedliche Möglichkeiten. Welche sind das? Erläutern Sie!

a) Verbale Kundenwunschermittlung:

  Erkundungsfragen, Blickkontakt, lockere Atmosphäre

b) Nonverbale Kundenwunschermittlung:

  Körpersprache beobachten und analysieren, Blickkontakt halten

7 Nennen Sie fünf grundlegende Vorraussetzungen für ein optimales Beratungsgespräch (Bild 2).

‒ *Gut zuhören*

‒ *Interesse und Verständnis für*

  die Wünsche und Probleme der

  Kundin zeigen

‒ *Durch das Erscheinungsbild*

  Wünsche bei der Kundin wecken

  (Vorbildfunktion)

‒ *Die Kundin begeistern können*

‒ *Freundlich sein (verbal und non-*

  verbale Ausdrucksmöglichkeiten)

Bild 2: Beratungsgespräch

Lernfeld 2

	Lernfeld 2:	Name:		
	Kunden empfangen und betreuen	Klasse:	Datum:	Blatt-Nr.:
	3 Das berufliche Telefonat			

Lernfeld 2

Szenario:

Das Telefon im Salon „Haargenau" klingelt bereits zum siebten Mal. Schnell rennt Anja aus dem Aufenthalts-raum zum Telefon, völlig außer Atem meldet sie sich:

Anja: „Ja?" *(Anja atmet tief und schnaubt dabei ins Telefon)*
<u>„Sie haben mich gerade aus der hintersten Ecke des Salons geholt!"</u>

Kundin: „Guten Tag, mein Name ist Möller. Ist dort der Salon Haargenau?"

Anja: „Klar! Um was gehts denn, Frau – ehm – wie <u>war</u> noch mal Ihr Name?"

Kundin: „Möller. Und ich möchte gerne einen Termin zur Dauerwelle."

Anja: *(Sucht nach einem Stift und blättert im Terminkalender)* <u>„Warten Sie mal,</u> ich hab hier grad nichts zu schreiben. Das ist aber auch ein <u>Durcheinander</u> hier!"
(Anja ruft in den Salon hinein) „Ute, hast du den Kugelschreiber gesehen? Bring mir doch mal schnell was zu schreiben!
<u>So, da hab ich endlich einen Stift!</u> Ich kann Ihnen einen Termin für Mittwoch anbieten, so gegen 15 Uhr. Ist das in Ordnung?"

Kundin: „Ja, aber wer wird mich denn bedienen, ich werde ja ..."

Anja: *(unterbricht Frau Möller)* „Ja super, dann haben wir ja alles geklärt. Bis Mittwoch also. Tschüss!"
(<u>beendet</u> das Telefonat)

Aufgaben:

1. Lesen Sie das Einstiegsszenario in verteilten Rollen. Achten Sie dabei auch auf die Regieanweisungen.

2. Unterstreichen Sie in dem Szenario alle Fehler, die Anja während des Telefonats gemacht hat.

3. Sammeln Sie gemeinsam im Klassenplenum alle Fehler von Anja und notieren Sie diese an der Tafel.

4. Erarbeiten Sie anhand Ihrer gemeinsamen Aufzeichnungen mit Ihrer Sitznachbarin zehn Regeln für ein professionelles Telefonat.

– *Seien Sie freundlich am Telefon und lächeln Sie beim Telefonieren.*

– *Melden Sie sich immer zunächst mit dem Salonnamen, dann dem eigenen Namen und einer festgelegten Begrüßungsformel am Telefon.*

– *Im weiteren Gesprächsverlauf sollte der Anrufer mit seinem Namen angeredet werden. Falls Sie diesen nicht verstanden haben, fragen Sie nach oder lassen Sie ihn sich buchstabieren. Aber fragen Sie bitte: „Wie IST nochmal Ihr Name?"!*

– *Erkundigen Sie sich nach dem Wunsch des Anrufers. Wichtige Informationen werden sofort notiert.*

– *Bieten Sie einen Rückruf an, wenn Wünsche nicht direkt am Telefon erledigt werden können. Dafür wird die Telefonnummer erfragt und notiert.*

– *Wiederholen Sie zum Abschluss des Gesprächs wichtige Dinge, damit Missverständnisse ausgeschlossen werden.*

– *Beenden Sie das Gespräch mit einer freundlichen Ver-abschiedung. Es ist gut, wenn Sie dabei noch einmal das Anliegen des Telefonpartners ansprechen oder sich bei ihm für den Anruf bedanken.*

5. Lesen Sie das Einstiegsszenario noch einmal sorgfältig durch.

6. Formulieren Sie gemeinsam mit Ihrer Sitznachbarin das Telefonat des Einstiegs-szenarios Ihren Regeln entsprechend um und präsentieren es anschließend der Klasse.

Bild 1: Das berufliche Telefonat

Szenario:

Es ist Feierabend und die Friseurinnen Sarah und Anja treffen sich im Aufenthaltsraum.

Sarah: „Frau Meier war heute ganz anders als sonst. So kenne ich sie gar nicht! Sie wollte unbedingt eine neue Frisur, aber sie konnte sich ganz schwer für eine entscheiden."

Anja: „Meine Neukundin war auch schwierig. Wie sie schon den Salon betreten hat! Als wäre sie die Kaiserin von China! Und dann hat sie die ganze Zeit nur von sich gesprochen. Mir war in ihrer Gegenwart ein wenig unwohl!"

Bild 1: Sarah und Anja im Gespräch

Aufgaben:

1 Welche Kundentypen werden in der Situation von Sarah und Anja angesprochen?

Sarahs Kundin = eine unsichere und unentschlossene Kundin

Anjas Kundin = eine arrogante Kundin

2 Nennen Sie weitere Kundentypen.

traditionelle Kunden, qualitätsbewusste Kunden, preisbewusste Kunden,

skeptische Kunden, eilige Kunden, bedächtige Kunden

3 Teilen Sie die Klasse in eine Anzahl von Gruppen auf, sodass jede Gruppe einen Kundentyp, den sie in Aufgabe 2 gesammelt haben, bearbeiten kann. Erarbeiten Sie pro Gruppe folgende Aspekte:

a) Wie könnte sich eine Kundin dieses Kundentypus typischerweise verhalten?

individuelle Lösung

b) Was sollte beim Umgang mit ihr beachtet werden?

individuelle Lösung

c) Welche Tipps im Umgang mit einer Kundin des von Ihnen gewählten Kundentypus können Sie aus den eigenen Erfahrungen geben?

individuelle Lösung

4 Präsentieren Sie anschließend der Klasse Ihre Ergebnisse aus Aufgabe 3.

Lernfeld 2:	Name:		
Kunden empfangen und betreuen	Klasse:	Datum:	Blatt-Nr.:
4 Kundentypen			

Lernfeld 2

5   Erläutern Sie den Begriff „Typisierung".

Typisierungen sind vereinfachte Einschätzungen von Menschen. Allerdings werden Menschen

so recht ungenau und vor allem unvollständig beschrieben. Es ergeben sich Fehl- oder Vorurteile.

6   Beschreiben Sie, welche Charaktertypen nach Hippokrates und Galeanus unterschieden werden.

Charaktertyp	Merkmale	Beratungsempfehlungen
Bild 1: Die Sanguinikerin	*Sie ist mit dem Element „Luft" und dem Körpersaft „Blut" verbunden, ist genuss-orientiert und oberflächlich. Sie lässt sich gerne verwöh-nen und sucht die Entspan-nung z.B. beim Friseur.*	*Für die Kundin zählt ein zufrieden stellendes Gesamt-ergebnis mehr als eine intensive Beratung oder eine detaillierte und ausführliche Ausführung der Friseur-dienstleistung.*
Bild 2: Die Phlegmatikerin	*Entspricht dem Element „Wasser" und dem Körpersaft „Schleim". Sie ist bequem und antriebsschwach. Ein Friseurbesuch bereitet ihr wenig Genuss, sie zeigt kaum Interesse an Beratungsemp-fehlungen.*	*Die Friseurin benötigt viel Engagement, um im Bera-tungsgespräch Erfolg zu erzielen und das Interesse der Kundin zu wecken.*
Bild 3: Die Melancholikerin	*Ihr werden das Element „Erde" und der Körpersaft „schwarze Galle" zugeordnet. Charakterlich präsentiert sie sich oft schwermütig und introvertiert.*	*Die Friseurin sollte höflich und körperlich distanziert bleiben. Sie sollte Berührun-gen aufgrund von Beratungs- und Behandlungssituationen begründen und eine um-schreibende Ausdrucksweise favorisieren.*
Bild 4: Die Cholerikerin	*Diese Kundin wird mit dem Element „Feuer" und dem Körpersaft „Galle" in Zusam-menhang gebracht. Das Wesen dieses Kundentyps gilt als dominant, ungedul-dig, jähzornig und aufbrau-send.*	*Die Friseurin sollte selbst-bewusst und zielgerichtet arbeiten. Sie sollte der Kundin ihre Arbeitsweisen kommentieren und erläutern und Einwände als konstruk-tive Vorschläge zur Um-setzung verstehen.*

Lernfeld 2:	Name:		
Kunden empfangen und betreuen	Klasse:	Datum:	Blatt-Nr.:
5 Bewusste Wahrnehmung der Kundinnen			

Szenario:

Anja hat in der Berufsschule eine Menge über Kundenansprüche erfahren. Seitdem nimmt sie die Kundinnen im „Haargenau" bewusst wahr, um in einer Verkaufs- und Beratungssituation professionell zu reagieren. „Wieso?", fragt Florian, „die Kundinnen wollen doch immer das Gleiche: eine neue Frisur! Oder etwa nicht?".

Bild 1: Kundenansprüche

Aufgaben:

1 Was meinen Sie? Legen Sie eine Mindmap an, um sich, und Florian, einen Überblick über die vielfältigen Kundenansprüche zu verschaffen. Fügen Sie so viele Nebenäste wie notwendig an, um Erläuterungen anzufügen.

2 Welche beiden Methoden der Anspruchsermittlung werden unterschieden?

Kundenansprüche können entweder direkt oder indirekt ermittelt werden.

Szenario:

Eine Kundin mit schulterlangem, splissigem Haar und einer herausgewaschenen Brauntönung wünscht eine gepflegte und stylische Frisur.

3 Welche Haupt- und Nebenansprüche könnte die Kundin damit verfolgen?

Hauptansprüche: *– Tönung*

– Splissschnitt

Nebenansprüche: *– Pflegehinweise*

– Stylingtipps

4 Jede Schülerin erstellt auf einem Extrablatt ein Kundenwunschszenario in der Art, wie es im Szenario zu Aufgabe 3 beschrieben ist und gibt es ihrer Sitznachbarin. Diese soll nun beschreiben, welche Haupt- und Nebenansprüche die Kundin haben könnte.

5 Warum ist eine Anspruchsermittlung so wichtig und worauf kommt es bei einer Anspruchsermittlung an?

Eine Anspruchsermittlung ist wichtig, damit sich die Friseurin Informationen beschafft, die sie benötigt, um der Kundin ein anspruchsgerechtes Angebot machen zu können. Bei der Anspruchsermittlung kommt es darauf an, individuelle Interessen und Erwartungen der Kundin herauszufinden. Wenn die Friseurin in der Verkaufs- und Beratungssituation dann diesen Erwartungen entspricht, wird die Kundin zufrieden sein.

Lernfeld 2

Lernfeld 2:	Name:		
Kunden empfangen und betreuen	Klasse:	Datum:	Blatt-Nr.:
5 Bewusste Wahrnehmung der Kundinnen			

Szenario:

Eine Kundin mit dunkelblondem Haar wünscht eine neue Haarfarbe.

6 Notieren Sie Erkundungsfragen, um zu Beginn des Beratungsgespräches weitere Informationen über den Kundenwunsch direkt zu ermitteln.

Z.B. „Wie soll die Haarfarbe verändert werden?", „Haben Sie eine genaue Farbvorstellung?", „Welche Naturhaarfarbe haben Sie?" usw.

Bild 1: An Mode orientierter Kundenanspruch

7 Notieren Sie Entscheidungsfragen, um die Beratung und die erkannten Ansprüche weiter einzugrenzen.

Z.B. „Wünschen Sie eine dauerhafte oder eine nicht-dauerhafte Farbveränderung?", „Möchten Sie eine Aufhellung oder eine Abdunklung der natürlichen Haarfarbe?", „Wünschen Sie eine Akzentuierung oder eine farbliche Veränderung des gesamten Haares?" usw.

8 Beschreiben Sie mithilfe der folgenden Szenarien, welche Möglichkeiten eine Friseurin hat, um Kundenansprüche **indirekt** zu ermitteln.

a) Die Friseurin deutet der Kundin während des Beratungsgespräches die Länge der abzuschneidenden Haarpartien an.

Indirekt kann die Friseurin anhand der Kundenreaktion, des Gesichtsausdruckes oder der Körpersprache die Kundenansprüche ableiten.

b) Die Kundin steht an der Kasse und liest die Informationen auf einer Shampooflasche für dauergewelltes Haar.

Die Friseurin kann durch Beobachtung herausfinden, welche Ansprüche die Kundin hat, nämlich den Wunsch nach einer Pflege (Shampoo) für dauergewelltes Haar.

c) Die Friseurin zeigt einer Kundin während des Beratungsgespräches für eine neue Haarfarbe die Farbkarte.

Auch hier kann die Friseurin anhand der Kundenreaktion, des Gesichtsausdruckes oder der Körpersprache die Kundenansprüche indirekt ableiten.

9 Jede Schülerin erstellt auf einem Extrablatt ein Kundenwunschszenario, so wie im Szenario oben, und gibt es ihrer Sitznachbarin. Diese soll nun passende Erkundungs- und Entscheidungsfragen notieren, um den Kundenanspruch **direkt** zu ermitteln sowie beschreiben, welche Möglichkeiten sie hat, die Kundenansprüche **indirekt** zu ermitteln.

Lernfeld 2:	Name:		
Kunden empfangen und betreuen	Klasse:	Datum:	Blatt-Nr.:
6 Kommunikation			

Szenario:

Die Auszubildende Sonja lehnt mit verschränkten Armen müde am Behandlungsplatz (Bild 1). Als ihre Chefin sie sieht, stellt sie Sonja zur Rede: „Ihnen sieht jeder Kunde bereits beim Betreten des Salons an, dass er unerwünscht ist, da Sie augenscheinlich keine Lust zum Arbeiten haben!"

Bild 1: Nonverbale Kommunikation

Aufgaben:

1 Hat Sonjas Chefin Recht mit ihren Vermutungen? Begründen Sie!

Ja, Sonjas Chefin könnte Recht mit ihren Vermutungen haben, da Sonja mit ihrer Körpersprache ausdrückt, dass sie keine rechte Lust hat. Auch ohne Worte, also nonverbal, kann Sonja ihre Gefühle verständlich machen, vielleicht sogar deutlicher als verbal.

2 Definieren Sie die Begriffe „verbale Kommunikation" und „nonverbale Kommunikation".

Verbale Kommunikation bedeutet Verständigung durch Sprache. Dazu bedarf es mindestens eines Sprechers und eines Hörers. Nonverbale Kommunikation bedeutet Verständigung durch Körpersprache, also Sprache ohne Worte. Immer dann, wenn Menschen miteinander in Kontakt treten, spricht ihr Körper, bewusst oder unbewusst, mit. Eine Friseurin sollte sich dessen bewusst sein, dass ihr Körper, genauso wie der der Kundin, ständig Signale aussendet. Im Friseurberuf kommt der verbalen und nonverbalen Kommunikation ein hoher Stellenwert zu, da sie eine wichtige Voraussetzung dafür sind, dass Kundin und Friseurin sich miteinander verständigen.

3 Erläutern Sie hier und auf der nächsten Seite die fünf Ausdrucksmittel nonverbaler Kommunikation.

①

Mimik

Gesichtsausdruck, Bewegung der Augen, Nase, Mund und Stirn

Lernfeld 2

②

Gestik

Bewegung der Hände und Arme

③

Körperdistanz

öffentliche, gesellschaftliche, persönliche oder intime Distanz

④

Körperhaltung

Körperhaltung offen oder geschlossen, vermittelt Befindlichkeiten und Absichten

⑤

Körperbewegung

Gang, Bewegung des Oberkörpers oder des Kopfes

4 Beschreiben und interpretieren Sie die verschiedenen Mimiken als Element nonverbaler Kommunikation.

Mimiken	Beschreibung	Interpretation
①	– *Offener Blickkontakt* – *Freundliches Lächeln* – *Leicht schräge Kopf-* *haltung*	– *Freundlichkeit* – *Interesse* – *Bereitschaft* – *Zustimmung*
②	– *Blick von oben herab* – *Fester Blick* – *Kinn leicht gehoben* – *Geschlossene Lippen*	– *Selbstsicherheit* – *Überlegenheit* – *Überheblichkeit*

③	– *Blickkontakt wird*
	  gemieden
	– *Blick wird demonstrativ*
	  abgewandt
	– *Lippen gepresst*
		– *Desinteresse*
		– *Ablehnung*
		– *Missachtung*

④	– *Blick abgewandt* – *Kinn wird aufgestützt*	– *Nervosität* – *Unsicherheit* – *Desinteresse*

Lernfeld 2

Lernfeld 2

5 Beschreiben und interpretieren Sie die dargestellten Körperhaltungen.

Gesten	Beschreibung	Interpretation
①	– Oberkörper leicht nach vorn gebeugt – Kopf und Schultern gesenkt – Arme vor dem Körper verschränkt – Geschlossene Körperhaltung	– Traurigkeit – Schuld – Resignation
②	– Arme und Hände um den Kopf gelegt – Schulter angezogen – Kopf gesenkt – Geschlossene Körperhaltung	– Angst – Verschüchterung – Verkrampfung
③	– Offene Körperhaltung – Kopf leicht geneigt – Blick leicht von oben herab – Arme in die Hüften gestemmt	– Stärke – Macht
④	– Oberkörper seitlich gedreht – Hände an den Hosentaschen verhakt – Blick geradeaus	– Gesprächsbereitschaft

6 Über welche Einstellungen sollte eine Friseurin als Grundvoraussetzung für das aktive Zuhören im Friseursalon verfügen?

z. B. Aufmerksamkeit, Geduld, sachlich bleiben, persönliche Interessen

zurücknehmen, ausreden lassen

7 Definieren Sie die dargestellten Distanzbereiche. Geben Sie dazu jeweils die Distanzbereiche in Metern (m) an und fügen Sie Beispiele an.

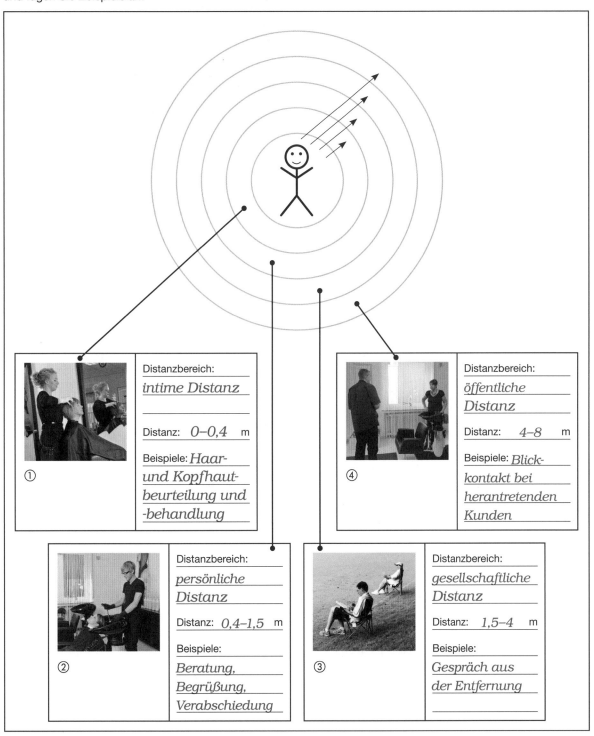

Distanzbereich: *intime Distanz*

Distanz: *0–0,4* m

Beispiele: *Haar- und Kopfhaut- beurteilung und -behandlung*

①

Distanzbereich: *persönliche Distanz*

Distanz: *0,4–1,5* m

Beispiele: *Beratung, Begrüßung, Verabschiedung*

②

Distanzbereich: *gesellschaftliche Distanz*

Distanz: *1,5–4* m

Beispiele: *Gespräch aus der Entfernung*

③

Distanzbereich: *öffentliche Distanz*

Distanz: *4–8* m

Beispiele: *Blick- kontakt bei herantretenden Kunden*

④

Merke: Je geringer die Distanz zwischen den Gesprächspartnern ist, desto größer muss das Vertrauen sein!

Lernfeld 2

Lernfeld 2: **Kunden empfangen und betreuen** 7 Kommunikationsmodelle	Name:		
	Klasse:	Datum:	Blatt-Nr.:

Lernfeld 2

Szenario:

Anja empfiehlt ihrer Kundin einen neuen Haarschnitt: „Zuerst werde ich Ihnen die Nackenhaare schneiden. Dann werde ich das gesamte Haar auf Kinnlänge bringen, damit Ihre eckige und kantige Gesichtsform abgeschwächt wird. Abschließend werde ich die Haare, die in das Gesicht fallen, effilieren. Das lässt Ihr Gesicht weicher erscheinen."

Ehe Anja den Haarschnitt weiter erklären kann, entscheidet sich die Kundin, den Haarschnitt nicht ausführen zu lassen und verlässt kurzerhand den Salon, ohne einen neuen Termin zu vereinbaren.

Bild 1: Beratungsgespräch

Aufgaben:

1 Warum entscheidet sich die Kundin, den Haarschnitt nicht ausführen zu lassen und den Salon zu verlassen, ohne einen neuen Termin zu vereinbaren?

Die Kundin verlässt den Salon, weil sie sich nicht beraten, sondern mit Vorwürfen und Beleidigungen konfrontiert gefühlt hat. Diese Gesprächsstörer beeinträchtigen ein Beratungsgespräch und signalisieren wenig Interesse oder Bereitschaft zu einem Gespräch.

2 Benennen und erklären Sie die vier Kommunikationsebenen des Vier-Ohren-Modells von „Schulz von Thun" und untersuchen Sie, was die Kundin auf den „vier Ohren" verstand, als Anja ihr den Haarschnitt erläuterte.

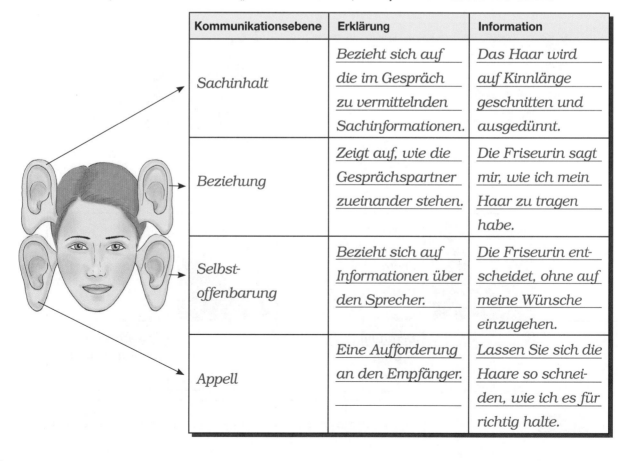

Kommunikationsebene	Erklärung	Information
Sachinhalt	*Bezieht sich auf die im Gespräch zu vermittelnden Sachinformationen.*	*Das Haar wird auf Kinnlänge geschnitten und ausgedünnt.*
Beziehung	*Zeigt auf, wie die Gesprächspartner zueinander stehen.*	*Die Friseurin sagt mir, wie ich mein Haar zu tragen habe.*
Selbstoffenbarung	*Bezieht sich auf Informationen über den Sprecher.*	*Die Friseurin entscheidet, ohne auf meine Wünsche einzugehen.*
Appell	*Eine Aufforderung an den Empfänger.*	*Lassen Sie sich die Haare so schneiden, wie ich es für richtig halte.*

Lernfeld 2:	Name:		
Kunden empfangen und betreuen	Klasse:	Datum:	Blatt-Nr.:
7 Kommunikationsmodelle			

Szenario:

Während des Haarschnittes sagt die Kundin der Friseurin plötzlich: „Bei meinem letzten Besuch haben Sie die Haare kurz geschnitten."

3 Wie könnte die Friseurin die Aussage der Kundin auf der Ebene des Inhalts und der Beziehung nach dem Kommunikationsmodell von Paul Watzlawick verstanden haben?

Inhaltsaspekt: *Beim letzten Friseurbesuch wurden die Haare kurz geschnitten.*

Beziehungsaspekte:

– *Ich habe die Haare zu kurz geschnitten, die Kundin war damit nicht zufrieden.*

– *Ich habe die Haare sehr kurz geschnitten, was der Kundin besonders gut gefallen hat.*

– *Die Kundin glaubt, ich kann mich nicht mehr an den Haarschnitt vom letzten Mal erinnern.*

4 Betrachten Sie die Kommunikationssituation in Bild 1 und klären Sie, welche Inhalts- und Beziehungsaspekte die Friseurin mit ihrer Aussage verfolgen könnte.

Mit ihrer Aussage könnte die Friseurin auf rein inhaltlicher Ebene wissen wollen, ob es sich bei der Haarfarbe der Kundin um eine oxidativ veränderte Haarfarbe handelt. Sie definiert durch ihre Aussage jedoch auch die Beziehung zur Kundin. Die Art, wie sie fragt, könnte entweder Freundlichkeit, Neid, Bewunderung usw. ausdrücken.

Bild 1: Inhalts- und Beziehungsaspekt einer Kommunikation

5 Erläutern Sie das Axiom „Man kann nicht nicht kommunizieren" mithilfe der Kommunikationssituation in Bild 2.

Die Friseurin dreht sich von der Kundin weg, dieses Verhalten in einer zwischenmenschlichen Situation hat Mitteilungscharakter und ist damit Kommunikation. Ein Handeln oder Nichthandeln hat ebenso wie Worte oder Schweigen Mitteilungscharakter. Daher ist es unmöglich, nicht zu kommunizieren.

Bild 2: „Die Unmöglichkeit, nicht zu kommunizieren".

Lernfeld 2:

Kunden empfangen und betreuen

7 Kommunikationsmodelle

Name:

Klasse: | Datum: | Blatt-Nr.:

Lernfeld 2

6 Untersuchen Sie das Axiom der symmetrischen und komplementären Interaktion mithilfe von Alltagsbeispielen aus dem Salon, der Berufsschule oder Ihrer Freizeit. Sprechen und spielen Sie Gespräche als Rollenspiele in Dreiergruppen. Dabei kommen den drei Schülerinnen folgende Rollen zu:

Rollenspiel 1 zur symmetrischen Interaktion in Dreiergruppen		
Schülerin 1	Schülerin 2	Schülerin 3
Auszubildende	Auszubildende	Beobachterin
Rollenspiel 2 zur symmetrischen Interaktion in Dreiergruppen		
Schülerin 1	Schülerin 2	Schülerin 3
Beobachterin	Freundin	Freundin
Rollenspiel 3 zur komplementären Interaktion in Dreiergruppen		
Schülerin 1	Schülerin 2	Schülerin 3
Auszubildende	Beobachterin	Meisterin
Rollenspiel 4 zur komplementären Interaktion in Dreiergruppen		
Schülerin 1	Schülerin 2	Schülerin 3
Lehrerin	Schülerin	Beobachterin

Kennzeichnen Sie die Unterschiede im Hinblick auf das symmetrische und komplementäre Kommunikations-verhalten!

7 Was versteht Watzlawick unter „analogen" und „digitalen" Kommunikationsmitteln?

Als „analoge" Kommunikationsmittel bezeichnet Watzlawick körpersprachliche Signale wie Mimik, Gestik, Körperhaltung, -bewegung und -distanzen. Durch die Verwendung analoger Signale ergibt sich eine sehr direkte und oft ausdrucksstarke Verständigung, die jedoch leicht zu Missverständnissen führen kann. Unter „digitalen" Kommunikationsmitteln versteht Watz-lawick das geschriebene und gesprochene Wort. Die digitale Sprache liefert in erster Linie Informa-tionen und vermittelt Wissen.

Bild 1: Zusammenspiel von digitaler und analoger Kommunikation

8 Das Axiom der Interpunktion lässt sich mit der Volksweisheit „Wie man in den Wald herein ruft, so schallt es heraus!" beschreiben (Bild 1). Erläutern Sie.

Das Axiom der Interpunktion beschreibt, dass die Art und der Verlauf von Kommunikations-abläufen von dem Verhalten und der Einstellung der Kommunikationspartner in der jeweiligen Gesprächssituation abhängen. Steigt man also fröhlich und entspannt in ein Gespräch ein, so wird dies die Stimmung des weitern Kommunikationsablaufes maß-geblich beeinflussen. Die ruhige Stimmung wird vom anderen Gesprächspartner in der Regel aufgenommen und widergespiegelt.

Ebenso wird eine angespannte oder aggressive Stimmung vom Kommunikationspartner aufgenommen und den Kommunikationsprozess beeinträchtigen.

	Lernfeld 2:	Name:		
	Kunden empfangen und betreuen	Klasse:	Datum:	Blatt-Nr.:
	8 Small Talk			

Szenario:

Anja muss an diesem Tag der Chefärztin des örtlichen Krankenhauses eine Handmassage anbieten (Bild 1). „Worüber soll ich bloß mit der Kundin reden?", denkt Anja. „Die Chefin erwartet schließlich von mir, dass ich mich über das Fachgespräch hinaus mit den Kunden unterhalte."

Aufgaben:

1 Was meint die Chefin? Beschreiben Sie in einem Satz, was sie unter „Small Talk" verstehen könnte.

Small Talk ist der lockere Teilbereich der Unterhaltung, das oberflächliche und belanglose Geplauder.

Bild 1: Gelegenheit für Small Talk

2 Welchen Sinn erfüllt der Small Talk ganz allgemein?

– Gesprächspartner können sich auf ungezwungene Weise kennenlernen.

– Gesprächspartner können ihre Beziehung zueinander ausloten oder behutsam aufbauen.

3 Wenden Sie die Technik des Small Talks („W-Frage-Technik") an den folgenden Sätzen an. Die einzelnen Wörter der Aussage und die W-Fragen, die sich auf diese Wörter beziehen, kennzeichnen Sie jeweils durch dieselbe Farbe.

a)	*Auf welche Kriterien stützen sich diese Einschätzungen?* *Welche Bezugsgröße beeinflusst diese Einschätzung stärker?* Zur Einschätzung anderer Menschen werden oft äußere Merkmale oder der sprachliche Ausdruck genutzt. *Welche Merkmale meinen Sie?*
b)	*Was für Wissenschaftler?* *Was sind das für Ausdrucksmittel?* *Wie werden die Signale gedeutet? Was bedeutet „deutlich"?* Wissenschaftler vermuten, dass die Mimik und die Gestik besonders deutliche Signale eines Menschen vermitteln. *Worauf stützen sich diese Vermutungen?* *Gilt diese Aussage für alle Menschen gleich?*
c)	*Was verstehen Sie darunter?* *Spielt sich die nonverbale Kommunikation ausschließlich auf dieser Ebene ab?* Die nonverbale Kommunikation spielt sich auf der Beziehungsebene ab und beeinflusst bewusst oder unbewusst all unsere Entscheidungen. *Welche Entscheidungen genau?*

Lernfeld 2

Lernfeld 2:	Name:		
Kunden empfangen und betreuen	Klasse:	Datum:	Blatt-Nr.:
9 Verkaufsargumentation			

Lernfeld 2

Szenario:

Nach Feierabend bittet die Chefin alle Friseure und Friseurinnen zur Teambesprechung. „Leider sind die Verkaufzahlen im letzten Monat etwas zurückgegangen", resümiert die Salonleitung.

„Ja, was sollen wir denn machen", antwortet eine Gesellin patzig, „zum Kauf zwingen können wir die Kundinnen eben nicht!"

Bild 1: Unpassende Verkaufsargumentation

Aufgaben:

1 Was würden Sie Ihrer Kollegin in diesem Falle antworten?

– *Kundin soll nicht gezwungen, überredet oder überrumpelt werden.*

– *Kundin soll überzeugt werden, dass die angebotenen Waren und Dienstleistungen die optimale Lösung für ihre Wünsche darstellen*

2 Formulieren Sie jeweils drei Argumente im Sinne einer waren- und dienstleistungsbezogenen Argumentation und füllen Sie dazu die Tabellen aus.

Verkaufsargumentation für eine Ware			
These (Behauptung)	**Argument (Begründung)**		**Beleg**
Diagnoseergebnisse nennen und Produkt(e) empfehlen	Warenbezogene Merkmale nennen	Kundenbezogene Argumente nennen, den Nutzen für die Kundin herausstellen	Beweis, Beschreibung, Erläuterung und/oder Erklärung abgeben
a) Bei der **Diagnose** habe ich festgestellt, dass Ihre Kopfhaut/ Ihre Haare ... b) Deshalb **empfehle ich** das **Produkt** ...,	welches die **Wirksubstanzen** ... enthält	Diese **Wirksubstanz(en) sorgen dafür**, dass ...	...
a) eine leichte Schuppenbildung aufweisen. b) Haar- und Kopfhautwasser gegen Schuppen.	*z. B. Menthol und organische Schwefelverbindungen ...*	*das Haar von Kopfschuppen gelöst wird. Gleichzeitig wirkt das ätherische Öl Menthol belebend und desinfizierend sowie kühlend und juckreizlindernd.*	*Das Haar wird weniger Schuppen aufweisen und Sie werden ein erfrischendes Gefühl auf der Kopfhaut spüren.*
a) durch die starke Sonneneinstrahlung glanz- und farblos wirken. b) Color-Reflex-Shampoo.	*z. B. direktziehende Farbpigmente ...*	*das Naturhaar farblich aufgefrischt wird, da sich die Farbpigmente an die Schuppenschicht des Haares anlagern.*	*Bei einer regelmäßigen Anwendung werden die Farbintensität und der Farbglanz des Haares erhöht.*
a) in den Spitzen sehr strapaziert und trocken sind. b) Haarkur für strapaziertes Haar.	*z. B. organische Säuren und kationische Substanzen ...*	*das Haar adstringiert und die Kämmbarkeit erleichtert wird. Gleichzeitig verbessert sich die Haarstruktur und ein „Fliegen" der Haare wird verhindert.*	*Wenden Sie die Haarkur einmal wöchentlich oder nach chemischen Behandlungen an.*

Verkaufsargumentation für eine Dienstleistung

These (Behauptung)	Argument (Begründung)		Beleg
Diagnoseergebnisse nennen und Dienstleistung(en) empfehlen	**Dienstleistungs-bezogene Merkmale nennen**	**Kundenbezogene Argumente nennen, den Nutzen für die Kundin herausstellen**	**Beweis, Beschreibung, Erläuterung und/oder Erklärung abgeben**
a) Bei der **Diagnose** habe ich festgestellt, dass Ihre Kopfhaut/ Ihre Haare ... b) Deshalb **empfehle ich** die **Dienstleistung** ...,	weil ... da ... denn ...	Diese **Dienstleistung sorgt dafür**, dass Ihre Kopfhaut/Ihr Haar ...	...
a) am Hinterkopf sehr kompakt und schwer fallen. b) Stufenhaarschnitt	*(weil) das Deckhaar dadurch gestuft wird. (denn) das Haar am Hinterkopf wird in einem Schneidewinkel von mehr als 90° geschnitten.*	*im natürlichen Fall kürzer als das Konturenhaar fällt und nicht mehr so kompakt ist.*	*Sie können das Haar einfach und unkompliziert stylen: föhnen Sie das Haar über Kopf und Sie erzeugen viel Volumen.*
a) in den Spitzen sehr porös und splissig sind. b) Stumpfschnitt und Splissschnitt.	*(weil) dadurch eine harte Schnittkante entsteht. Gleichzeitig werden die porösen Spitzen heraus-geschnitten.*	*das Haar fülliger und gesünder erscheint.*	*Lassen Sie ihre Spitzen einmal im Monat schneiden, dann bleibt Ihr Haar dauerhaft gesund und füllig.*
a) die Haarfarbe bereits 3 cm am Ansatz heraus gewachsen ist. b) Ansatzfärbung	*(denn) bei der Ansatz-färbung wird der Farb-brei nur auf den nach-gewachsenen Ansatz aufgetragen.*	*wieder ebenmäßig gefärbt ist. Der Vorteil ist, dass die strapazierten Spitzen nicht behandelt werden.*	*Eventuell wird nach be-endeter Einwirkzeit die Farbe in die Längen kurz durchgezogen, um einen Farbausgleich zu erreichen.*

Lernfeld 2

3 Üben Sie im Rollenspiel ein Verkaufsgespräch. Eine Schülerin spielt die Friseurin, die Mitschülerin spielt eine Kundin, der eine Haarkur verkauft werden soll. Notieren Sie sich vorab gemeinsam Argumente für den Verkauf des Produktes.

individuelle Lösung

4 Argumente sollen grundsätzlich positiv, informativ, kundenbezogen und verständlich formuliert werden. Verbessern Sie die Negativbeispiele in der Tabelle.

Negativ formulierte Argumente	Positiv, informativ, kundenbezogen und verständlich formulierte Argumente
„Diese Bürste ist ganz billig!"	*„Diese Bürste ist sehr schonend fürs Haar und dabei ausgesprochen günstig."*
„Dieses Shampoo gibt es leider nur in dieser Größe."	*„Dieses Shampoo bieten wir in der Vorratsgröße zum Sparpreis an."*
„Nein, durch eine Dauerwelle wirkt Ihr Gesicht noch runder."	*„Ich würde Ihnen empfehlen, die Haare nur zu schneiden, denn dadurch wird Ihre Gesichtsform vorteilhaft zur Geltung gebracht."*
„Ich kann Ihnen diese Kur empfehlen, aber sie ist sehr teuer."	*„Diese hochwertige Haarkur ist sehr zu empfehlen; durch ihre enorme Wirkintensität ist sie zwar etwas teurer, der Verbrauch dieser Haarkur ist jedoch wesentlich geringer."*
„Diese Haarfarbe macht Sie sehr blass."	*„Diese Haarfarbe erzeugt einen starken Kontrast zu Ihrer natürlichen Hautfarbe. Ein anderer Farbton könnte Ihren Teint jedoch hervorheben und strahlen lassen."*

5 Lesen Sie die folgenden Bespiele und kennzeichnen Sie durch die jeweiligen farbigen Markierungen, ob es sich um ein produkt-, verwendungs- oder preisbezogenes Verkaufsargument handelt.

„Dieses Shampoo enthält hochwertige Pflegestoffe."

blau

„Diese pflegeintensive Spülung ist im Angebot und kostet heute nur 3,50 EUR."

rot

Verwendungsbezogene Argumente sind positive Aussagen über die Eigenschaften des Produktes.

blau

„Der Haarschnitt kostet 15,00 EUR und lässt Ihre Haare fülliger erscheinen."

rot

Produktbezogene Argumente sind positive Aussagen über das Produkt.

gelb

„Die Dauerwelle hält bis zu drei Monaten."

blau

Preisbezogene Argumente sind Aussagen über den Preis und die Produktmerkmale.

rot

„Die Intensivkur ist besonders hochwertig und daher nur nach jeder dritten Haarwäsche anzuwenden."

gelb

„Das Glätteisen sollte nur einige Minuten vor Gebrauch eingestellt werden."

gelb

Lernfeld 2:
Kunden empfangen und betreuen
10 English: At reception:
      Making appointments

Name:

Class: | Date: | Page No

Situation:

At school Anja's class was discussing politeness in different cultures. Politeness is very important in all situations. Especially English-speaking people are very polite. The class discussed the following dialogue:

Your tasks:

1 Read this dialogue.

2 Turn it into a polite one.

Haargenau

Salon Haargenau. Good morning. How may I help you?

I want an appointment.

I'd like to make an appointment, please.

Who are you?

Who's calling please?

Stewart

My name is Mary Stewart.

Spell it!

Could you spell your family name, please?

S – T – E – W – A – R – T

Certainly. That's S–T–E–W–A–R–T

What do you want?

Thank you Ms Stewart. What can we do for you?

My hair done.

I'd like to have my hair done, please.

What exactly?

What exactly would you like to have done?

Cut and coloured

I'd like to have my hair cut and coloured.

Tomorrow 9 am

Would tomorrow at 9 a.m. suit you?

No

Oh no, sorry. I can't make it in the morning.

4 pm

How about 4 o'clock in the afternoon?

ok

That would be perfect. Thank you.

Telephone number?

Could I have your telephone number, please?

547689761

Certainly. It's 547 689 761

Ok. Good bye!

547 689 761. O.K. Ms Stewart. We'll see you tomorrow at 4 p.m.

Bye!

Thank you and good-bye.

Lernfeld 2

	Lernfeld 2: **Kunden empfangen und betreuen** **10 English: At reception:** Receiving and serving clients	Name:			
		Class:	Date:	Page No	

Your tasks:

1 Receiving clients at reception

a) Match the sentence halves in the grid below.

b) Decide which are said by the customer (C) or the receptionist (R) and enter your answers in the grid below.

1.	Let me show …	a.	… will I have to wait?
2.	I'd like a …	b.	… have your name please?
3.	Do you have …	c.	… 10 a.m.
4.	Who's …	d.	… you to your seat.
5.	How long …	e.	… an appointment?
6.	I need a …	f.	… Mary-Joe.
7.	May I …	g.	… cup of coffee, please.
8.	Would you …	h.	… your hairstylist?
9.	Yes, at …	i.	… haircut.
10.	It's …	j.	… like something to drink?

	1.	2.	3.	4.	5.	6.	7.	8.	9.	10.
a)	*d.*	*g.*	*e.*	*h.*	*a.*	*i.*	*b.*	*j.*	*c.*	*f.*
b)	*R*	*C*	*R*	*R*	*C*	*C*	*R*	*R*	*C*	*C*

c) Now create a dialogue using these phrases. Start with "Do you have an appointment?" Please note: Two sentences are missing.

3e	9c	?	6i	7b	??	4h	10f	1d	5a	8j	2g

d) What are the missing sentences?

   ?: *Individual solutions possible*

  ??: *Individual solutions possible*

2 What are the questions to these answers?

a) Some streaks.   *Individual solutions possible, e.g.:*
What treatment would you like?

b) Fine, thanks!   *Individual solutions possible, e.g.:*
How are you today, Mrs Miller?

c) I have a problem.   *Individual solutions possible, e.g.:*
How may I help you?

d) I walked in by chance.   *Individual solutions possible, e.g.:*
Do you have an appointment?

e) It's for a special occasion.   *Individual solutions possible, e.g.:*
Why do you want to put your hair up?

Lernfeld 3:	Name:		
Haare und Kopfhaut pflegen	Klasse:	Datum:	Blatt-Nr.:
1 Aufbau der Haut			

Szenario:

Die Haar- und Kopfhautpflege ist wesentlicher Bestandteil Anjas täglicher Arbeit im Salon. Aber wie ist die Kopfhaut eigentlich aufgebaut? Anja überlegt.

Aufgaben:

1 Beschriften Sie die folgende Abbildung zum Aufbau der Kopfhaut.

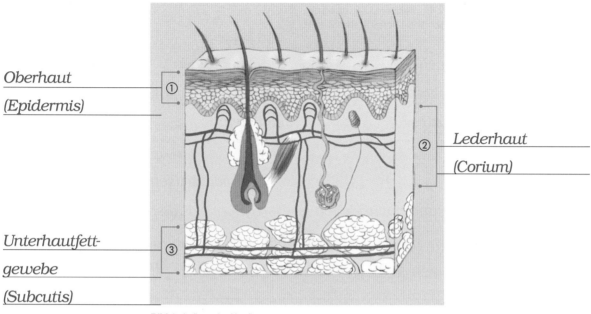

Oberhaut (Epidermis)

Lederhaut (Corium)

Unterhautfettgewebe (Subcutis)

Bild 1: Aufbau der Kopfhaut

2 Beschriften Sie die folgende Abbildung und beschreiben Sie kurz die Schichten der Oberhaut.

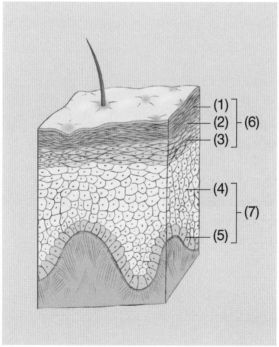

Bild 2: Die Schichten der Oberhaut

(1) *Hornschicht: besteht aus 15–20 Lagen flacher, mit Keratin gefüllter Zellen, die zu einem festen Verbund „verklebt" sind.*

(2) *Leuchtschicht: setzt sich aus wenigen durchsichtigen Zellen zusammen. Vor allem in den Handinnenflächen und Fußsohlen.*

(3) *Körnerzellenschicht: drei bis fünf Lagen abgeflachter Zellen, die eine ölige Substanz ausscheiden.*

(4) *Stachelzellenschicht: acht bis zehn Lagen*

(5) *Basalzellenschicht: unterste Schicht, hier werden die Zellen der Oberhaut gebildet, flachen dabei ab und verhornen.*

(6) *Verhornungszone*

(7) *Keimzone*

Lernfeld 3: **Haare und Kopfhaut pflegen** 1 Aufbau der Haut	Name:		
	Klasse:	Datum:	Blatt-Nr.:

Szenario:

Florian betrachtet die Haut seiner Hände und Arme und fragt sich, woher all die Linien und Furchen in der Haut stammen (Bild 1).

Bild 1: Hautrelief

3 Erläutern Sie Florian die Oberflächenstruktur der Haut, indem Sie den folgenden Lückentext mit den unten angegebenen Begriffen sinnvoll ausfüllen.

Die ___*Hautoberfläche*___ lässt plastische ___*Erhebungen*___ und Vertiefungen erkennen, die man als ___*Hautrelief*___ oder als ___*Hautfelderung*___ bezeichnet. Das Hautrelief setzt sich aus den tiefen ___*Längsfurchen*___, die auch ___*Spaltlinien*___ heißen, und den ___*weniger*___ tiefen ___*Querfurchen*___ zusammen. Neben den Hautporen, die durch die Ausgänge der ___*Haarfollikel*___ gebildet werden, lassen sich auch die Ausgänge der ___*Schweißdrüsen*___ erkennen. Die sogenannte Leistenhaut an den ___*Handinnenflächen*___ und Hand- und ___*Fußsohlen*___ ist unbehaart und weist linienförmige Erhebungen auf, die als ___*Hautleisten*___ bezeichnet werden. Diese verlaufen zu Schleifen und ___*Bögen*___, welche bei jedem Menschen z. B. unterschiedliche ___*Fingerabdrücke*___ prägen.

> Bögen, Erhebungen, Fingerabdrücke, Fußsohlen, Haarfollikel, Handinnenflächen, Hautfelderung, Hautleisten, Hautoberfläche, Hautrelief, Längsfurchen, Querfurchen, Schweißdrüsen, Spaltlinien, weniger

4 **Quiz:** Kreuzen Sie jeweils die eine richtige Antwort an.

a) Das Hautrelief
- ☐ ist der Spannungszustand der Haut.
- ☒ ergibt sich aus den Längs- und Querfurchen der Haut.
- ☐ ist der Fachbegriff für die „Hautalterung".

b) Querfurchen
- ☐ sind Furchen, die im Hautrelief stark ausgeprägt sind.
- ☒ sind Furchen, die im Hautrelief weniger stark ausgeprägt sind.
- ☐ gibt es nur an der sogenannten „Leistenhaut" der Hände und Füße.

c) Längsfurchen
- ☒ sind Furchen, die im Hautrelief stark ausgeprägt sind und auch „Spaltlinien" genannt werden.
- ☐ sind Furchen, die im Hautrelief weniger stark ausgeprägt sind.
- ☐ sind nicht für die Bildung von Hautfalten verantwortlich.

d) Felderung
- ☒ bezeichnet die Oberfläche der Haut.
- ☐ wird die Aufteilung des Kosmetikinstituts genannt.
- ☐ kann man bei der Haut von Jugendlichen nicht beobachten.

e) Poren
- ☐ bezeichnen die Löcher in der Haut, die durch Mitesser (Komedonen) entstehen.
- ☐ bilden sich hauptsächlich in Richtung der Spaltlinien.
- ☒ werden durch die Ausgänge der Schweißdrüsen sowie der Talgdrüsen- und Haarfollikelausgänge gebildet.

Lernfeld 3

f) Hautfalten

☒ bilden sich hauptsächlich in Richtung der Längsfurchen.

☐ sind weniger stark ausgeprägt.

☐ bilden sich hauptsächlich in Richtung der Querfurchen.

g) Hautleisten

☐ entstehen durch eine Verdickung der Hornschicht.

☒ sind linienförmige Erhebungen, die in Schleifen und Bögen verlaufen.

☐ bezeichnet die Struktur der gesamten Oberhaut.

5 Lösen Sie das folgende Kreuzworträtsel (Lösungen können die Umlaute ä, ö, ü enthalten).

Waagerecht (horizontal)

1. Wie lautet der Fachbegriff der Oberhaut?
2. Wie werden die lebenden Zellen der Keimzone genannt?
3. Ab welcher Schicht haben die Zellen der Oberhaut keinen Zellkern mehr?
5. Wie heißt die Zone der Stachelzellen- und Basalzellenschicht?
9. Wie wird der Hydro-Lipid-Film der Oberhaut auch bezeichnet?

Senkrecht (vertikal)

4. Wie heißt die Zone der Horn-, Leucht- und Körnerzellenschicht?
6. Wie werden die Zellen der Verhornungszone genannt?
7. Nennen Sie die oberste Schicht der Oberhaut.
8. Die Zellen der Hornschicht bestehen aus Keratin, Wasser und ...
10. Welcher Facharzt beschäftigt sich hauptsächlich mit der Haut und ihren Krankheiten?

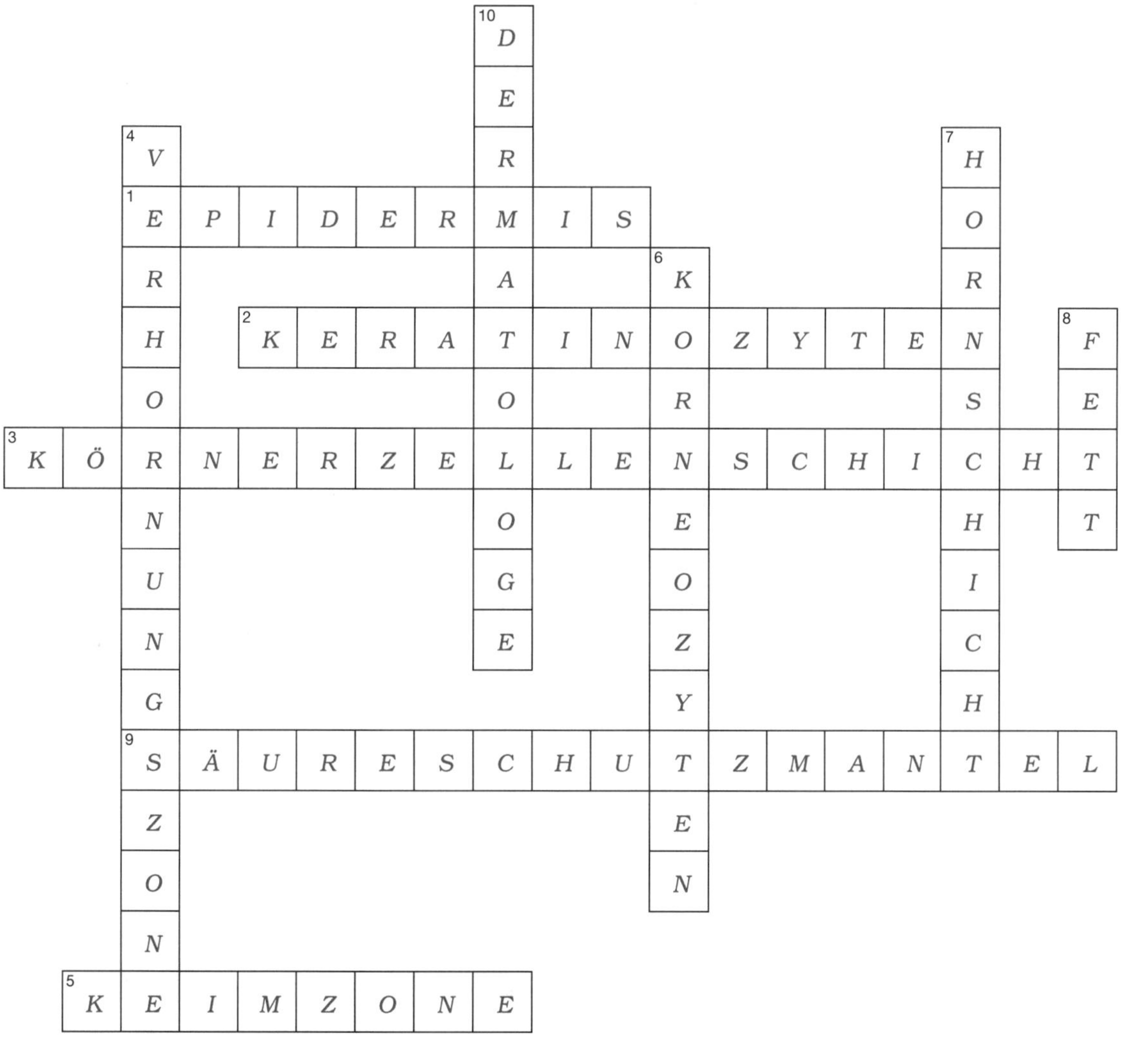

						10 D											
						E											
4 V						R						7 H					
1 E	P	I	D	E	R	M	I	S				O					
R				A		6 K				R							
H	2 K	E	R	A	T	I	N	O	Z	Y	T	E	N	8 F	
O				O		R				S		E					
3 K	Ö	R	N	E	R	Z	E	L	L	E	N	S	C	H	I	C	H	T
N				O		E				H		T					
U				G		O				I							
N				E		Z				C							
G						Y				H							
9 S	Ä	U	R	E	S	C	H	U	T	Z	M	A	N	T	E	L
Z						E											
O						N											
N																	
5 K	E	I	M	Z	O	N	E									

Bild 1: Kreuzworträtsel zum Aufbau der Haut

Lernfeld 3:	Name:		
Haare und Kopfhaut pflegen	Klasse:	Datum:	Blatt-Nr.:
2 Schweißdrüsen			

Szenario:

Herr Tacke ist leicht nervös, als er den Friseursalon betritt. Obwohl es im Raum nicht besonders warm ist, beginnen seine Handinnenflächen zu schwitzen.

Aufgaben:

1 Warum beginnt Herr Tacke zu schwitzen?

Herr Tacke ist aufgeregt und beginnt deshalb

in den Handinnenflächen zu schwitzen.

Psychische Erregungen können ebenso wie der

Genuss bestimmter Lebensmittel eine ver-

mehrte Schweißausschüttung verursachen.

2 Betrachten Sie das Bild 1 und beschreiben Sie die Aufgaben der

a) ekkrinen Schweißdrüsen,

Die ekkrinen Schweißdrüsen befinden sich am

ganzen Körper. Ihre wichtigste Aufgabe ist die

Wärmeregulation des Körpers. Bei großer Hitze

oder körperlicher Beanspruchung wird ver-

stärkt Schweiß gebildet. Die Verdunstung des

Schweißes an der Hautoberfläche entzieht

dem Körper Wärme.

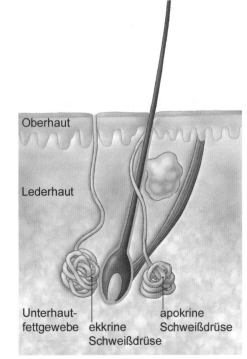

Bild 1: Ekkrine und apokrine Schweißdrüsen

b) apokrinen Schweißdrüsen.

Die apokrinen Schweißdrüsen befinden sich hauptsächlich im Achsel- und Genital-

bereich und werden durch Geschlechtshormone gesteuert und erst nach der

Pubertät aktiv. Zur Wärmeregulierung des Körpers tragen sie nicht bei, sie sind

ausschließlich für einen individuellen Körpergeruch verantwortlich. Die apokrinen

Schweißdrüsen werden daher auch als Duftdrüsen bezeichnet.

3 Beschreiben Sie die Entstehung vom unangenehmen Körpergeruch und die Wirkung von Antitranspirantien und Deodorantien.

Der im Schweiß enthaltene Harnstoff wird durch Bakterien der Haut abgebaut,

dadurch entsteht der typische Schweißgeruch. Antitranspirantien verschließen

die Schweißdrüsenausgänge, sodass kein Schweiß austreten kann. Deodorantien

hingegen enthalten desinfizierende Inhaltsstoffe, die die Anzahl der Bakterien

verringern sollen. Dadurch wird der Schweiß schlechter in seine Abbauprodukte

zerlegt, die den unangenehmen Geruch verursachen.

Szenario:

Eine Kundin betritt den Salon „Haargenau" und möchte von ihrer Friseurin beraten werden:

Anja: *Hallo, Frau Müller! Wie geht es Ihnen?*

Frau Müller: *Hallo, Anja, leider geht es mir im Moment gar nicht so gut. Ich leide unter einer starken Akne. Meine Haut ist sehr fettig und neigt zu Unreinheiten. Aber auch meine Haare sind seltsamerweise immer sehr schnell fettig. Besteht da vielleicht ein Zusammenhang?*

Anja: *Hm? Mal überlegen …*

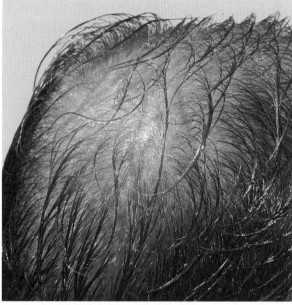

Bild 1: Fettige Kopfhaut (Seborrhoe oleosa)

Aufgaben:

1   Was meinen Sie? Erläutern Sie Frau Müller den Zusammenhang zwischen ihrer fettigen Gesichts- und Kopfhaut (Bild 1).

— *Talgdrüsen des Gesichtes und der Kopfhaut reagieren gemeinsam auf die männlichen Geschlechtshormone (Androgene).*

— *Haare sind Anhanggebilde der Haut.*

2   Beschreiben Sie, wie der Talg der Talgdrüsen auf die Kopfhaut gelangt (Bild 2).

Talg fließt aus der Talgdrüse am Haarfollikel entlang auf die Kopfhaut.

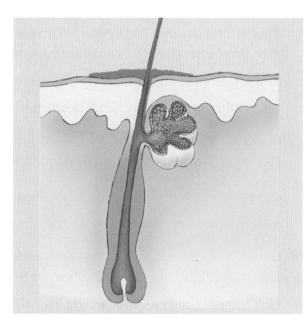

Bild 2: Sitz der Talgdrüse in der Haut

3   Beschreiben Sie den Einfluss der Talgdrüsengröße auf die Menge der Talgproduktion.

— *Je größer die Talgdrüse, desto mehr Talg kann sie produzieren.*

— *Die Talgdrüsengröße ist abhängig von den männlichen Geschlechtshormonen (Androgenen).*

Lernfeld 3

Lernfeld 3:	Name:		
Haare und Kopfhaut pflegen	Klasse:	Datum:	Blatt-Nr.:
3 Talgproduktion			

Szenario:

Frau Schreiner hat einen Termin zur pflegenden Kosmetik. Während des Beratungsgespräches möchte sie wissen, warum die Haut in ihrem Gesicht stets sehr fettig ist, die Haut an ihren Beinen dagegen immer sehr trocken ist.

4 Erklären Sie Frau Schreiner ihre Beobachtungen, indem Sie ihr die Verteilung der Talgdrüsen am gesamten Körper darstellen.

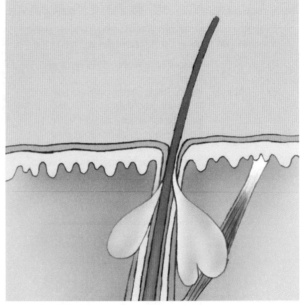

Bild 1: Haarfollikel

Die normale Gesichtshaut ist mittel- bis feinporig, d.h. die Talgdrüsen sind relativ klein. Bei einer vorliegenden Seborrhoe (fettigen Haut), kann die Talgdrüsengröße der Gesichts- und Kopfhaut jedoch stark zunehmen.

Die Talgdrüsen an Armen und Beinen sind im allgemeinen sehr klein, da das an diesen Körperregionen wachsende feine Woll- bzw. Flaumhaar einen kleinen Follikel mit einer kleinen Talgdrüse besitzt.

5 Zeichnen Sie den produzierten Talgfilm am Haar und auf der Haut in das Bild 1 ein und erläutern Sie, welche Aufgaben der produzierte Talg für Haar und Kopfhaut erfüllt.

Der produzierte Talg hat mehrere Aufgaben. So hält der Talg z.B. Haut und Haar geschmeidig und sorgt für einen natürlichen Glanz. Außerdem schützt der Hauttalg vor äußeren Einflüssen wie Wind, Regen, Kälte und Hitze sowie vor Belastungen durch Kosmetika oder Umwelteinflüssen. Zu guter Letzt verhindert der produzierte Hauttalg ein Austrocknen der Kopfhaut.

6 Erläutern Sie die Rolle der männlichen Geschlechtshormone (Androgene) auf die Talgproduktion.

Die männlichen Geschlechtshormone haben eine erhebliche Einwirkung auf die Talgproduktion, da sie die Talgdrüsengröße maßgeblich beeinflussen. Das bedeutet: je mehr Androgene vom Körper produziert werden, desto größer ist die Talgdrüse und umso mehr Talg wird produziert. Daher sind Männer eher von einer Seborrhoe betroffen als Frauen.

Lernfeld 3

7 Vervollständigen Sie die Mindmap zum Thema „Die Talgproduktion der Kopfhaut" auf einem DIN-A3-Papier. Fügen Sie so viele Haupt- und Nebenäste wie nötig an.

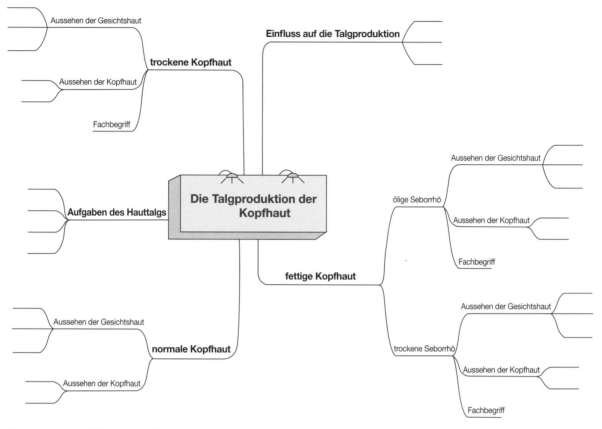

Bild 1: Die Talgproduktion der Kopfhaut

8 Erarbeiten Sie gemeinsam mit Ihrer Sitznachbarin ein sogenanntes „Situatives Fachgespräch" über die Talgproduktion der Haut einer Kundin, wie es auch in der Gesellenprüfung zu absolvieren ist.

Verwenden Sie dazu z. B. die Mindmap aus Aufgabe 7 zur inhaltlichen Gliederung. Sie sollten zudem darauf achten, dass das Fachgespräch in den Handlungsschritten erfolgt, die Sie aus den Handlungsschleifen der Lernfeldübersichten kennen: kontaktieren – informieren – Ausgangssituation analysieren – entscheiden – handeln – nachbereiten – verabschieden!

9 Erstellen Sie in Kleingruppen einen Beurteilungsbogen zur Bewertung von Fachgesprächen.

10 Führen Sie nun das Fachgespräch der Klasse vor und bewerten Sie anschließend die Ergebnisse mithilfe der Beurteilungsbögen im Klassenplenum.

Bild 2: Das situative Fachgespräch

Lernfeld 3

Szenario:

Anja wäscht das Haar einer Neukundin. Schon als sie ihr den Waschumhang umlegt, fällt ihr auf, dass die Kundin viele kleine weiße Stippen im Haar hat. Anja wird nervös! Hat die Kundin womöglich Läuse?

Aufgaben:

1   Die Neukundin hat selbstverständlich keine Läuse! Womit hat Anja die „weißen Stippen im Haar" verwechselt?

Hornschuppen

2   Informieren Sie sich z. B. mithilfe Ihres Fachkundebuches über die Schuppenbildung der Kopfhaut.

3   Füllen Sie anschließend die Tabelle aus.

Erscheinungsbild	Ursachen	Maßnahmen zur Verbesserung	Tipps für die Friseurin
Hornschuppen	– *Beschleunigtes Zellwachstum, geringe Verhornung* – *Zellklumpen entstehen* – *Hefepilzbefall (Pityrosporum ovale)*	– *Schwefelhaltige Shampoos (keratolytisch)* – *Salicylsäure (keratolytisch, fugizid)* – *Teerverbindungen Menthol (lindern Juckreiz)*	– *Kundin lässt die harmlosen Ursachen ihrer Kopfschuppen aufklären* – *Gute Beratung* – *Maßnahmen zur Verbesserung erläutern*
Talgschuppen	– *Vorliegen von Talgschuppen bei gleichzeitiger Seborrhoe* – *Hornschuppen saugen das Fett auf = Talgschuppen*	– *S. o.* – *Haare regelmäßig waschen und dem Pilz damit seine Wirkstoffe entziehen*	– *S. o.*
Schuppenbildung durch die Einwirkung von Chemikalien	– *Überempfindlichkeit gegenüber Seifen oder Shampoo* – *Kopfhaut wird zu stark ausgetrocknet und reagiert mit Rötungen und Abschuppen*	– *Shampoo verdünnen* – *Milde Reinigungspräparate verwenden* – *Ausreichend mit klarem Wasser nachspülen*	– *Präparate richtig auswählen* – *Arbeiten sachgerecht durchführen*

4 Erläutern Sie Ihrer Kundin, die unter gewöhnlichen Hornschuppen leidet, in kundengerechter Weise die Ursachen dieser Schuppenbildung.

– Zellwachstum beschleunigt (1 Woche) aufgrund eines Hefepilzes auf der

Kopfhaut.

– Das Zellmaterial hat nicht genügend Zeit, vollständig zu verhornen und sich

aufzulösen.

– Es verklebt zu Zellkomplexen von ca. 500 Zellen.

5 Beschreiben Sie der Kundin, welche Faktoren die Vermehrung des Hefepilzes Pityrosporum ovale begünstigen.

Folgende Faktoren begünstigen die Vermehrung dieses Pilzes:

– Talg und Schuppen sind Nährstoffe für Pilze.

– Stress und allgemeines Unwohlsein schwächen das Immunsystem.

Pilze können sich stärker vermehren.

– Genetische Faktoren begünstigen die Vermehrung des Pilzes.

6 Erläutern Sie, warum schwefel- und salicylsäurehaltige Präparate Horn- und Talgschuppen und ihre Begleiterscheinungen wirksam bekämpfen können.

– Schwefel und die noch besser

geeigneten neueren Wirkstoffe

(Pyrithionverbindungen) wirken

keratolytisch (hornlösend).

– Salicylsäure wirkt ebenfalls kera-

tolytisch und fungizid (pilztötend).

– Teerverbindungen und Menthol

lindern den Juckreiz.

Bild 1: Gewöhnliche Kopfschuppen

7 Erarbeiten Sie gemeinsam mit Ihrer Sitznachbarin ein Beratungs- und Verkaufsgespräch. Eine Schülerin spielt dabei die Rolle der Friseurin. Die zweite Schülerin spielt eine Kundin, die unter Kopfschuppen leidet. In einem Beratungsgespräch klärt die Friseurin die Kundin über die Ursachen ihrer Schuppenbildung auf und schlägt ihr in einem anschließenden Verkaufsgespräch Präparate zur Behandlung vor.

● Überlegen Sie sich zunächst gemeinsam, welche Präparate der Kundin vorgeschlagen werden sollen,

● welche Wirkstoffe darin enthalten sind und

● mit welchen Formulierungen die Friseurin am sinnvollsten argumentieren kann.

● Präsentieren Sie anschließend der Klasse Ihre Ergebnisse in Form eines Rollenspiels.

● Zur abschließenden Analyse können die Rollenspiele auch mit einer Kamera gefilmt und später reflektiert werden.

Bild 2: Beratungs- und Verkaufsgespräch

	Lernfeld 3:	Name:			
	Haare und Kopfhaut pflegen	Klasse:	Datum:		Blatt-Nr.:
	5 **Veränderungen der Kopfhaut**				

Szenario:

Bei der Haar- und Kopfhautreinigung fällt Anja auf, dass Frau Grüner seltsame Wucherungen auf der Kopfhaut hat (Bild 1). Unter einem Vorwand verlässt sie verunsichert die Kundin, um von den Arbeitskolleginnen zu erfahren, ob sie die Kundin weiter behandeln darf.

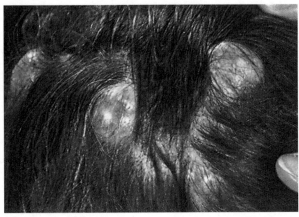

Bild 1: Grützbeutel

Aufgaben:

1 Was raten Sie Ihrer Arbeitskollegin Anja? Begründen Sie!

Ja, Anja darf mit der Haar- und Kopfhautreinigung fortfahren und die Kundin weiterhin behandeln, da es sich lediglich um harmlose Zysten handelt, die mit Talg und Hornmaterial gefüllt sind, den sogenannten Grützbeuteln. Sie sollte jedoch besonders vorsichtig weiter arbeiten, damit es nicht zu Verletzungen und Infektionen kommt. Außerdem sollte Anja die Kundin im Gespräch darauf hinweisen, dass Grützbeutel vom Arzt operativ entfernt werden können.

2 In diesem Suchrätsel sind 10 Begriffe versteckt, die mit den Veränderungen der Kopfhaut in Zusammenhang stehen. Markieren Sie diese und notieren Sie die gefundenen Fachbegriffe.

Waagerecht (horizontal):

Muttermal

Seborrhoe

Sebum

Talgschuppen

_____

_____

_____

Senkrecht (vertikal):

Dermatomykose

Kopflaus

Leberfleck

Psoriasis

Sebostase

Warzen

_____

F	D	A	H	J	G	R	I	D	X	O	M	H	H
S	E	B	U	M	A	H	J	T	R	S	E	Q	L
K	R	A	N	R	Y	Z	O	G	E	D	F	R	O
L	M	U	T	T	E	R	M	A	L	P	B	O	C
Z	A	T	Z	Q	O	I	A	Q	A	V	M	W	N
Q	T	A	L	G	S	C	H	U	P	P	E	N	J
F	O	B	E	T	E	D	A	K	S	J	K	O	M
H	M	G	B	T	B	C	E	P	O	W	W	N	R
P	Y	H	E	L	O	M	W	S	Y	A	W	K	L
Z	K	E	R	B	S	E	B	O	R	R	H	O	E
E	O	L	F	L	T	X	B	R	W	Z	B	P	Z
F	S	X	L	N	A	S	H	I	L	E	F	F	I
E	E	U	E	A	S	M	I	A	K	N	G	L	V
J	Q	B	C	D	E	Q	M	S	G	C	P	A	X
T	R	M	K	G	M	U	P	I	R	O	D	U	N
R	U	D	E	D	S	T	B	S	P	O	T	S	U

Bild 2: Suchrätsel zu den Veränderungen der Kopfhaut

Lernfeld 3

Lernfeld 3:	Name:		
Haare und Kopfhaut pflegen	Klasse:	Datum:	Blatt-Nr.:
5 Veränderungen der Kopfhaut			

3 Welche Hautveränderungen liegen hier vor? Beschriften Sie die Bilder und beschreiben Sie die dargestellten Veränderungen der Kopfhaut.

Bild 1: *Pilzflechten (Dermatomykosen) sind schuppende, ansteckende Hauterkrankungen, die durch Pilzbefall hervorgerufen werden. An den betroffenen Hautstellen brechen die Haare ab und die entstandenen Hautschuppen werden sichtbar. Wird bei einem Kunden eine Pilzflechte festgestellt, so muss aufgrund der Ansteckungsgefahr die Behandlung abgebrochen und sämtliche kontaminierten Werkzeuge desinfiziert werden.*

Bild 1: _____ *Pilzflechte* _____

Bild 2: *Schuppenflechte (Psoriasis) ist nicht durch Hautkontakt übertragbar und ist genetisch bedingt. Sie kann den gesamten Körper betreffen und in jedem Lebensalter auftreten. Befallene Kunden können in jedem Fall weiterbehandelt werden, da keine Ansteckungsgefahr vorliegt.*

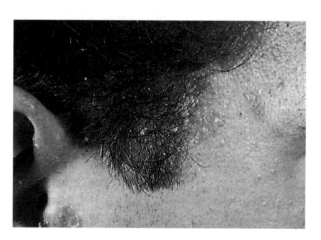

Bild 2: _____ *Schuppenflechte* _____

4 **Quiz:** Kreuzen Sie jeweils die richtige Antwort an.

a) Jugendliche, gewöhnliche Warzen sind Wucherungen der Epidermis, die durch

☐ eine Bakterieninfektion hervorgerufen werden.

☐ einen Pilzbefall ausgelöst werden.

☒ eine Virusinfektion entstehen.

b) Seborrhoeische Warzen entstehen

☒ in talgdrüsenreichen Hautarealen.

☐ durch eine unzureichende Gesichtsreinigung.

☐ nur bei Männern im geschlechtsreifen Alter.

c) Grützbeutel sind

☐ stecknadeltiefe Einstülpungen in der Haut.

☐ gutartige, hautfarbene oder rötlich braune Bindegewebswucherungen.

☒ flache oder rundliche Zysten, die mit Talg und Hornmaterial gefüllt sind.

Lernfeld 3

Szenario:

Frau Blume ärgert sich über ihre Sommersprossen und möchte von Anja wissen, wie sie entstehen und wie sie eine stärkere Ausbreitung vermeiden kann (Bild 1).

Aufgaben:

1 Geben Sie Frau Blume sachkundige Informationen!

Sommersprossen (Epheliden) entstehen durch den Einfluss von UV-Strahlen. Dann steigern Melanozyten stellenweise ihre Aktivität, was als bräunliche Flecken auf der Haut sichtbar wird. Vermieden werden können Sommersprossen durch die Verwendung von Sunblockern oder Lichtschutzcremes, die eine Aktivierung der Melanozyten verhindern.

Bild 1: Sommersprossen

2 Beschreiben Sie die Unterschiede zwischen
a) Muttermalen und **b)** Leberflecken (Bild 2).

a) *Muttermale (Nävuszellnävi) sind halbkugelige, braune, gutartige Hautveränderungen, die über das Hautniveau herausragen.*

b) *Leberflecken (Lentigo simplex (Synonym: Lentigo juveniles) sind braune Flecken, die sich im Hautniveau befinden und daher nicht tastbar sind.*

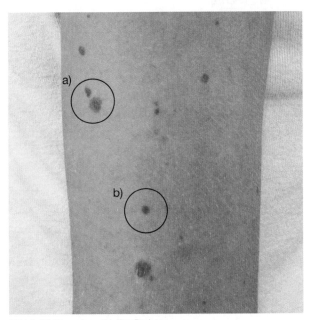

Bild 2: Muttermale und Leberflecke

3 Was sind Altersflecken und wie entstehen sie (Bild 3)?

Altersflecken (Lentigo solares oder Lentigo seniles) entstehen bei entsprechender Veranlagung unter Einfluss von UV-Strahlen durch eine Vermehrung vorhandener Melanozyten.

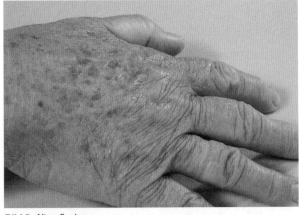

Bild 3: Altersflecken

Szenario:

Frau Julius kommt mit ihrer vierjährigen Tochter Susi zum Haareschneiden. Anja beobachtet, dass Susi sich oft am Kopf kratzt und entdeckt in Susis Haar weiße Knötchen. Daraufhin wäscht Anja das Haar des kleinen Mädchens gründlich mit einem Antischuppen-Shampoo aus. Nach der Haarwäsche stellt Anja jedoch fest, dass die „Schuppen" immer noch im Haar sind. „Was kann das sein?", fragt sich Anja.

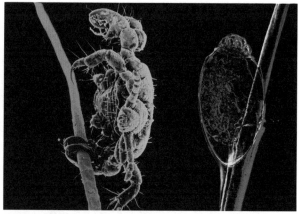

Bild 1: a) Kopflaus; b) Nisse am Haar

Aufgaben:

1. Erläutern Sie Frau Julius möglichst einfühlsam, was sich im Haar ihrer Tochter Susi befindet (Bild 1) und beschreiben Sie, wie Anja sich professionell verhalten sollte.

Ich werde Frau Julius zur Seite nehmen und ihr in aller Ruhe erläutern, dass Susi von Kopfläusen befallen ist und ihr gleichzeitig mit fachkompetenten und ruhigen Worten die Angst davor nehmen. Denn Kopfläuse sind kein Zeichen mangelnder Hygiene! Wahrscheinlich wurden die Läuse im Kindergarten oder in der Schule übertragen. Ich erkläre der Kundin, dass Susi aufgrund der Ansteckungsgefahr nicht bedient werden kann und verweise sie zu einem Hautarzt oder einer Apotheke. Alle berührten Geräte und Werkzeuge werde ich umgehend reinigen und desinfizieren.

2. Welche Maßnahmen zur Bekämpfung des Läusebefalls kann Anja der Mutter empfehlen?

– Familienmitglieder ebenfalls untersuchen, Schule oder Kindergarten informieren.

– Hat das Kind längeres Haar, schneiden Sie es oder binden Sie es zusammen.

– Nach der Behandlung mit einem Spezialshampoo Conditioner aufs Haar geben und mit einem Nissenkamm durchkämmen.

– Bett- und Körperwäsche auskochen und heiß bügeln.

3. Erläutern Sie kurz den Begriff „Hygiene".

– Vermeidung von Infektionskrank-heiten, Krankheitsvorbeugung

– Hygiene umfasst persönliche, öffentliche und gewerbliche Aspekte

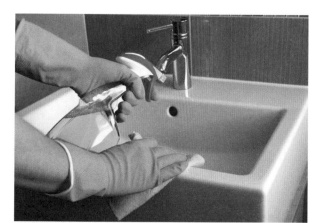

Bild 2: Reinigungstätigkeit

Lernfeld 3

4 Verfassen Sie den Steckbrief einer Laus!

Foto: 	Aussehen: *Nur durch das Mikroskop sichtbar, sechs krallenartige Beine*
Größe: *2–3 mm*	Ihre Lebensdauer: *ca. 3–4 Wochen*
Anzahl der abgelegten Eier (Nissen):	*Bis zu 4 Eier (Nissen)*
Zeit der Nissen bis zur Geschlechtsreife:	*18 Tage*
Bevorzugte Nahrung:	*Blut*
Bevorzugte Wohngegend:	*Behaarter Kopf*
Wie wechselt eine Laus ihren Wohnsitz?	*Kopfläuse werden immer von Mensch zu Mensch übertragen. Wenn die Köpfe eng zusammengesteckt werden, wenn Kämme, Haarbürsten, Mützen, Decken, Kopfkissen oder Jacken gemeinsam benutzt oder dicht nebeneinander aufbewahrt werden, dann können sich die Läuse ausbreiten.*
Begleiterscheinungen bei ihren Opfern:	*Kopfläuse sind für den Befallenen nicht nur lästig, sie können auch Hautkrankheiten hervorrufen. Der beim Blutsaugen in die Kopfhaut gelangende Speichel der Laus verursacht heftigen Juckreiz, das Kratzen folgt fast automatisch. Die entstehenden Kratzwunden können sich entzünden. In diesem Fall sollte eine Ärztin bzw. ein Arzt aufgesucht werden.*
Verhaltensregeln bei Lausbefall:	*Zur Kopflausbekämpfung werden verschiedene Mittel angeboten. Die Präparate sind in Apotheken erhältlich, aber nicht rezeptpflichtig. Die Behandlung ist – wenn die Gebrauchsanweisungen eingehalten werden – weder schmerzhaft noch aufwendig oder geruchsbelästigend. Sie kann zu Hause durchgeführt werden. Nach der Behandlung können die Läuse und Nissen mithilfe eines speziellen Nissenkammes abgekämmt werden. Um sich nach einer erfolgreichen Kopflausbekämpfung vor erneutem Befall zu schützen, sollten sicherheitshalber alle Kämme, Haar- und Kleiderbürsten intensiv gereinigt werden. Handtücher, Wäsche und Kleidung sollten gewechselt und bei ca. 60 °C gewaschen werden.*

Bild 1: Steckbrief einer Laus

Lernfeld 3:	Name:		
Haare und Kopfhaut pflegen	Klasse:	Datum:	Blatt-Nr.:
8 Haararten			

Szenario:

Während der Kopfmassage beklagt sich Frau Landsiegel über ihr feines und schütteres Kopfhaar. „Und meine Augenbrauen wachsen so fest und zahlreich, wieso ist das Haar auf meinem Kopf nicht auch so schön dick?", ärgert sich die Kundin.

Aufgaben:

1 Beraten Sie Frau Landsiegel und geben Sie ihr fachkundige Informationen.

Das Kopfhaar und die Haare der Augenbrauen gehören zu unterschiedlichen Haararten. Je nach Länge und Stärke wird das gesamte menschliche Haarkleid in Langhaar, Kurzhaar und Wollhaar unterschieden. Das Kopfhaar zählt zum Langhaar, die Augenbrauen zum Kurz- oder Borstenhaar.

Bild 1: Haararten

2 Vervollständigen Sie die unten stehende Matrix.

Das menschliche Haarkleid kann nach zwei Gesichtspunkten gegliedert werden:

I. Länge und Stärke der Haare

a) Langhaar: *Kopfhaar, Barthaar, Achsel- und Schambehaarung*

Aufgabe: *Schmuckfunktion, Schutz vor UV-Strahlen*

b) Kurzhaar: *Augenbrauen, Wimpern, Ohren- und Nasenbehaarung (sogenanntes Borstenhaar)*

Aufgabe: *Schutz vor z. B. Staub, Insekten und Schweiß*

c) Wollhaar: *Gesamte, feine Körperbehaarung (sogenanntes Flaumhaar)*

Aufgabe: *Ursprünglicher Schutz vor Kälte, Wärme und UV-Strahlen*

II. Zeitpunkt des Entstehens der Haare

a) Primärbehaarung

entsteht in der Embryonalzeit (vor und während der Geburt), fällt nach der Geburt aus

→ *SÄUGLING*

b) Sekundärbehaarung

Kopfhaar wird länger und etwas kräftiger, die Haararten entwickeln sich, die Körperbehaarung ist kurz, hell und weich

→ *SCHULKIND*

c) Terminalbehaarung

endgültiges Haarkleid, das Borstenhaar wird dunkler und fester, das Langhaar wird dunkler, Barthaare und Achsel- sowie Schambehaarung wachsen, die Körperbehaarung wird dunkler, härter und nimmt insgesamt zu, Augenbrauen und Ohrenbehaarung werden buschiger

→ *JUGENDLICHE und ERWACHSENE*

3 Beschreiben Sie, warum Haare neben ihrer Schutzfunktion auch als Schmuck und Zeichen der gesellschaftlichen Stellung dienen (Bild 1).

– *Schutzfunktion des Haares z.B. vor Wärmeabgabe des Kopfes, Schutz vor UV-Strahlung, Stoß und Schlag*

– *Schmuckfunktion/Zeichen der gesellschaftlichen Stellung: Haarschnitt und Styling des Punk symbolisieren z.B. eine Rebellion gegen Normen und gesellschaftliche Zwänge; modische Haarschnitte symbolisieren Aktualität und Trendbewusstsein.*

Bild 1: Punk

Lernfeld 3

Lernfeld 3:	Name:		
Haare und Kopfhaut pflegen	Klasse:	Datum:	Blatt-Nr.:
9 Haarfollikel			

Szenario:

Anja liest in ihrem Fachkundebuch: Das Haar wächst aus einer schlauchartigen Hautvertiefung, die von den Wurzelscheiden ausgekleidet ist. „Wieso", fragt Anja, „wächst denn das Haar nicht einfach aus einem Loch in der Haut?"

Aufgaben:

1 Beantworten Sie Anja ihre Frage, indem Sie die unten stehende Abbildung eines Haarfollikels beschriften.

1	Haarfollikel-/Talgdrüsenausgang
2	Haarbalgmuskel
3	Talgdrüse
4	innere Wurzelscheide
5	äußere Wurzelscheide
6	Haarbalg
7	Melanozyt
8	Haarmatrixzellen
9	Haarpapille
10	Kapillarschlinge
11	Haarwurzel
12	Haarzwiebel
13	Oberhaut (Epidermis)
14	Lederhaut (Corium)
15	Unterhautfettgewebe (Subcutis)

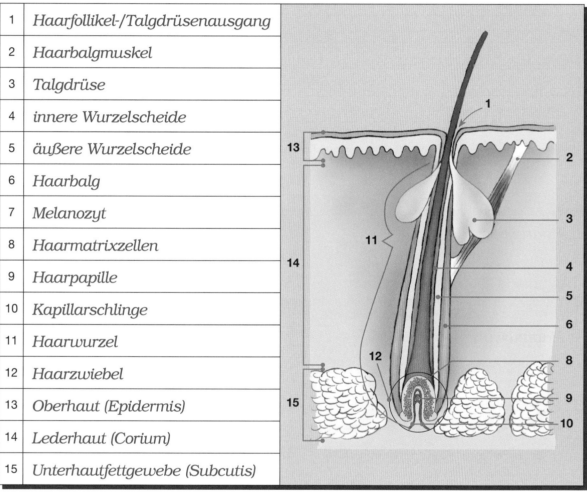

Bild 1: Der Haarfollikel

2 Erläutern Sie, warum der Haarfollikel als „Anhangsgebilde der Haut" bezeichnet wird.

– Weil der Haarfollikel eine schlauchartige Hautvertiefung darstellt, die so

zusagen „an der Haut hängt".

– Weil aus der Oberhaut heraus die innere und äußere Wurzelscheide sowie

der Haarbalg entstehen.

– Weil auch die Talgdrüse mit ihrem Ausgang „an der Haut hängt".

Lernfeld 3:	Name:		
Haare und Kopfhaut pflegen	Klasse:	Datum:	Blatt-Nr.:
9 Haarfollikel			

3 Beschreiben Sie, wie der Friseur den Teil des Haares nennt, der aus der Kopfhaut heraus ragt und zeichnen Sie die drei Teile, in die sich dieser Bereich unterteilen lässt, in die Abbildung.

1 Haarspitze

2 Haarlänge

3 Haaransatz

4 Haarschaft

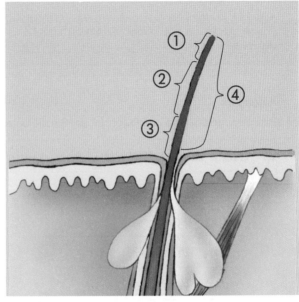

Bild 1: Das Haar

4 Wie heißt der gesamte Teil des Haares unterhalb der Kopfhaut? (siehe dazu Aufgabe 1 (S. 71), Bild 1 (Nr. 11 im Bild)

Haarwurzel

5 Wie nennt der Friseur den gesamten (verdickten) Bereich des Haares, in dem die Blutversorgung gewährleistet ist? Siehe dazu Aufgabe 1 (S. 71), Bild 1 (Nr. 12 im Bild)

Haarzwiebel

6 Welche Zellen sind

a) für das Wachstum des Haares verantwortlich? *Haarmatrixzellen*

b) für die Farbe des Haares verantwortlich? *Melanozyten*

7 Erläutern Sie die Entstehung des Haarfollikels.

– *Einstülpung in die Haut*

– *Besteht aus Epidermisgewebe und umgebenem Bindegewebe*

8 Nennen Sie die Anhangsgebilde des Haarfollikels und beschreiben Sie kurz deren Aufgaben.

– *Haarbalgmuskel: kann sich unter dem Einfluss von Kälte und Gemütsregungen*

   zusammenziehen, Gänsehaut entsteht

– *Talgdrüse: sondert Talg ab, hält Haar und Haut geschmeidig, schützt vor*

   äußeren Einflüssen und verhindert ein Austrocknen der Kopfhaut

Lernfeld 3

9 **Quiz:** Kreuzen Sie jeweils die richtige Aussage an!

a) Das Epidermisgewebe des Haarfollikels besteht aus

☒ der inneren und äußeren Wurzelscheide.

☐ dem Haarbalg.

☐ der Haarmatrix.

b) Das Bindegewebe des Haarfollikels besteht aus

☐ der inneren und äußeren Wurzelscheide.

☒ dem Haarbalg.

☐ der Haarmatrix.

c) Der untere Teil des Haarfollikels reicht bis in

☐ die Oberhaut (Epidermis).

☐ die Lederhaut (Corium).

☒ das Unterhautfettgewebe (Subcutis).

Bild 1: Modischer Haarschnitt

d) Die Haarpapille ist

☐ eine dünne Hautschicht unterhalb des Haarfollikels.

☒ eine zapfenartige Vertiefung unterhalb des Haarfollikels.

☐ eine knöcherne Verstrebung unterhalb des Haarfollikels.

e) In der Haarpapille befinden sich

☐ die Fettzellen der Unterhaut.

☐ die Talgdrüse und der Haarbalgmuskel.

☒ die Kapillaren, die der Versorgung des Haarfollikels mit Nährstoffen dient.

f) Die Haarmatrix des Haarfollikels bestehen aus

☒ Keratinozyten – eine Schicht teilungsfähiger Zellen.

☐ Korneozyten – eine Schicht abgestorbener Hornzellen.

☐ Lymphozyten zur Abwehr von Krankheiten.

10 Erläutern Sie die Funktion des Haarbalgmuskels und der sogenannten „Gänsehaut" (Bild 2).

Unter dem Einfluss von Kälte und Gemütsregung kann der Haarbalgmuskel sich zusammenziehen. Dadurch wird der Follikel aus seiner Schräglage gezogen, das Haar richtet sich auf.

Gleichzeitig wird der gesamte Follikel hochgedrückt und der benachbarte Hautbezirk zusammengezogen. Es entsteht die sogenannte Gänsehaut.

Bild 2: „Gänsehaut"

Lernfeld 3: **Haare und Kopfhaut pflegen** 10 Feinbau des Haares	Name:		
	Klasse:	Datum:	Blatt-Nr.:

Szenario:

Eine Kundin kämmt sich ihr Haar und ist dabei sehr besorgt: „Weshalb fühlen sich meine Haare so rau an, wenn ich mit den Fingerkuppen zur Wurzel hin streiche?"

Aufgaben:

[1] Geben Sie der Kundin eine fachkundige Erklärung mithilfe der Abbildung 1.

Wenn Sie langsam gegen die Wuchsrichtung des Haares streichen, spüren Sie die einzelnen Schuppenränder der äußersten Schicht des Haares, der sogenannten Schuppenschicht (Cuticula). Auch wenn die Schuppenschicht nicht porös ist, liegen die Schuppen locker aufeinander, sodass der Eindruck von rauem Haar entsteht.

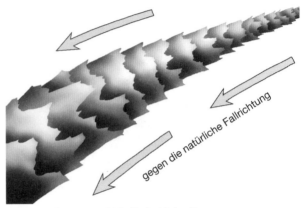

gegen die natürliche Fallrichtung

Bild 1: Die Schuppenschicht (Cuticula) des Haares

[2] Erläutern Sie der Kundin mithilfe der Abbildung 2, wie das Haar seine endgültige Form erhält.

Bis zur vollständigen Form durchläuft das Haar die folgenden drei Zonen im Haarfollikel:

a) Die Keratinozyten bilden Haarmatrixzellen, die sich teilen und nachwachsende Zellen nach oben schieben (Wachstumszone).

b) In der Verformungszone spezialisieren sich die drei unterschiedlichen Zellarten (Cuticula, Cortex und Medulla).

c) Die weichen Matrixzellen verlieren in der Verhornungszone an Feuchtigkeit. Es entstehen die festeren Keratinzellen. Dieser Prozess wird auch außerhalb des Follikels fortgesetzt.

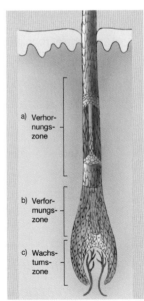

a) Verhornungszone

b) Verformungszone

c) Wachstumszone

Bild 2: Zonen des Haarfollikels (Längsschnitt)

[3] Nennen Sie die Schichten des Haares und beschriften Sie dazu die Abbildung 3.

(1) Mark (Medulla)

(2) Faserschicht (Cortex)

(3) Schuppenschicht (Cuticula)

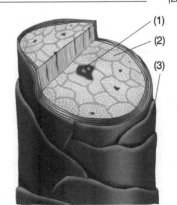

(1)
(2)
(3)

Bild 3: Die Schichten des Haares (Querschnitt)

Lernfeld 3

Szenario:

Im Salon kommen Sie täglich mit vielen unterschiedlichen Menschen zusammen, die ganz individuelle Haare haben. Bei Frau Henschel beobachten Sie z.B., dass sie seit geraumer Zeit sehr lichtes Haar bekommt. Auch die Kundin hat mit Sorge dieselbe Beobachtung gemacht und fragt Sie nach den möglichen Ursachen für ihr Problem und ob dieser Prozess gestoppt werden kann.

Aufgaben:

1 Was antworten Sie der Kundin? Diskutieren Sie im Plenum.

2 Als „Haarschaftsveränderungen" bezeichnet man sowohl „Haarschäden" als auch „Haaranomalien".
Worin liegen die Unterschiede? Vervollständigen Sie die folgenden Definitionen.

Haarschäden werden *durch äußere Einflüsse wie Dauerwellen und andere chemische Haarbehandlungen sowie physikalische und thermische Ursachen beeinflusst.*

Man unterscheidet *strukturgeschädigtes Haar, Haarbruch und Haarspliss*

Unter dem Begriff **„Haaranomalien"** werden *Haarschaftsveränderungen zusammengefasst, die anlagebedingt sind.*

Man unterscheidet *Haarknötchenkrankheit, gedrehtes Haar, Ringelhaar, Spindelhaar, Bandhaar usw.*

3 Beschreiben Sie die dargestellten Haarschaftsveränderungen.

a) Haarschäden

Aussehen	Beschreibung
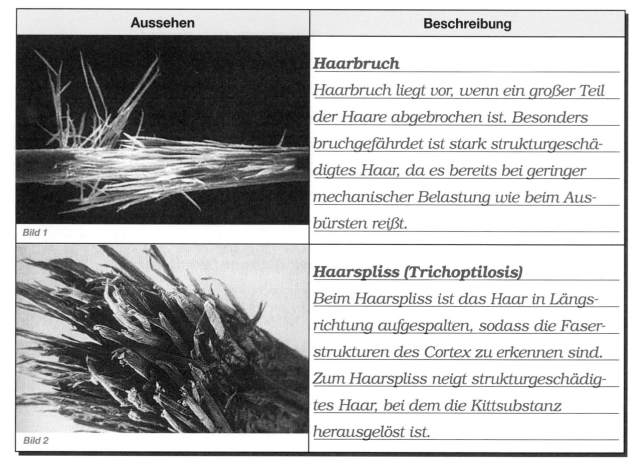Bild 1	**Haarbruch** *Haarbruch liegt vor, wenn ein großer Teil der Haare abgebrochen ist. Besonders bruchgefährdet ist stark strukturgeschädigtes Haar, da es bereits bei geringer mechanischer Belastung wie beim Ausbürsten reißt.*
Bild 2	**Haarspliss (Trichoptilosis)** *Beim Haarspliss ist das Haar in Längsrichtung aufgespalten, sodass die Faserstrukturen des Cortex zu erkennen sind. Zum Haarspliss neigt strukturgeschädigtes Haar, bei dem die Kittsubstanz herausgelöst ist.*

Lernfeld 3

Lernfeld 3:	Name:		
Haare und Kopfhaut pflegen	Klasse:	Datum:	Blatt-Nr.:
11 Haarschaftsveränderungen			

b) Haaranomalien

Aussehen	Beschreibung
	Haarknötchenkrankheit (Trichorrhexis nodosa) _Es handelt sich bei dieser Haaranomalie um knötchenförmige Verdickungen des Haarschafts. Das Haar bricht an diesen Stellen leicht ab und franst pinselförmig aus._
	Gedrehtes Haar (Pili torti) _Das einzelne Haar ist abgeflacht und um seine Längsachse gedreht. Von gedrehtem Haar spricht man erst, wenn ein Großteil des gesamten Haarschopfes von dieser Anomalie betroffen ist und dadurch auffällige Lichtreflexe erzeugt werden._
	Ringelhaar (Pili anulati) _Das Haar ist in seiner Form und Festigkeit normal, die Farbe ist jedoch uneinheitlich. Helle und dunkle Stellen wechseln sich ab. Dadurch erscheint das Haar in seinem Gesamtbild scheckig. Wirkt das Erscheinungsbild störend, so kann das Haar gefärbt werden._
	Spindelhaar (Monilethrix) _Am einzelnen Haar wechseln Einschnürungen und spindelförmige Verdickungen ab. Diese Haaranomalie ist nur im Kindesalter zu beobachten. Sehr bald entwickelt sich bleibende Kahlheit. Danach entstehen aus den Follikeln kleine Hornkegel._

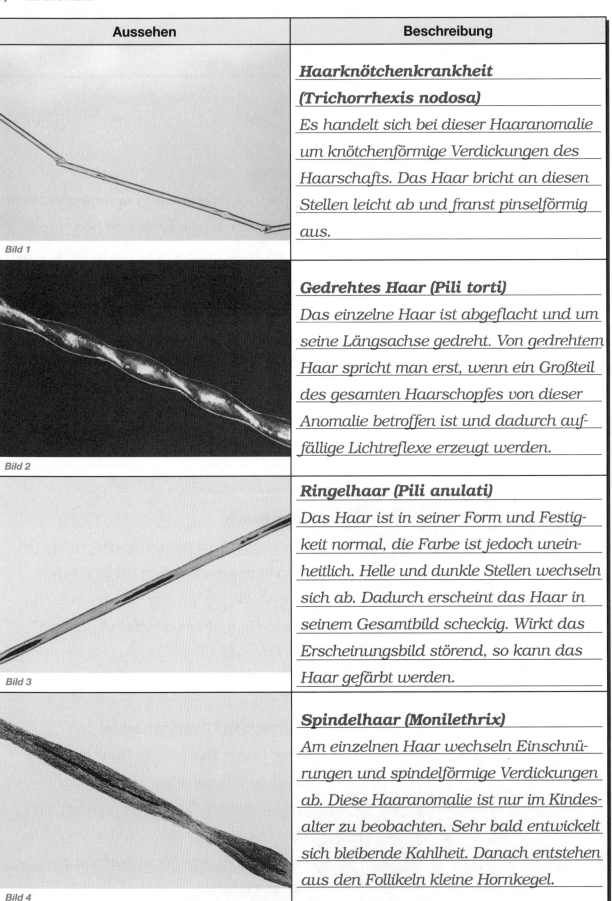

Bild 1

Bild 2

Bild 3

Bild 4

Aussehen	Beschreibung
Bild 1	**_Bandhaar_** _Im Gegensatz zum normalen Haar, das einen runden oder leicht ovalen Querschnitt aufweist, ist das Bandhaar stark abgeflacht. Das Haar hat keinen Stand. Das Bandhaar ist schwer form- und frisierbar._

4 ▌ Quiz:

a) Eine Haaranomalie mit knötchenförmigen Verdickungen des Haarschaftes, an denen das Haar leicht abbricht und pinselförmig ausfranst, ist eine ___*Haarknötchenkrankheit*___ .

b) Ein stark abgeflachtes Haar nennt der Friseur ___*Bandhaar*___ .

c) Das Haar ist in seiner Form und Festigkeit normal, lediglich die Farbe ist uneinheitlich. Was ist gemeint?
das Ringelhaar (Pili anulati)

d) Das einzelne Haar ist abgeflacht und um seine Längsachse gedreht. Von welcher Haaranomalie ist hier die Rede?
gedrehtes Haar (Pili torti)

e) Diese Haaranomalie ist nur im Kindesalter zu beobachten: Am einzelnen Haar wechseln sich spindelförmige Verdickungen und Einschnürungen ab. Welche ist gemeint? *Spindelhaar (Monilethrix)*

5 ▌ Beschreiben Sie stichwortartig, worin sich ein Spindelhaar (Monilethrix) von einem gedrehten Haar (Pili torti) unterscheidet.

Spindelhaar = Einschnürungen und Verdickungen im Haar, nur im Kindesalter

gedrehtes Haar = stark abgeflachtes Haar, das der Länge nach gedreht ist, es werden auffällige Lichtreflexe erzeugt

6 ▌ Worin unterscheiden sich Bandhaare von Ringelhaaren?

Bandhaar = stark abgeflacht, flacher Querschnitt, nicht form- und frisierbar

Ringelhaar = Form und Festigkeit normal, nur die Farbgebung ist uneinheitlich, form- und frisierbar

7 ▌ Erläutern Sie einer Kundin, die unter Haarspliss leidet, wie Sie ihn behandeln können.

Folgende Behandlungsmöglichkeit hat sich als hilfreich erwiesen:

– Durch einen Splissschnitt werden viele der gespaltenen Spitzen abgeschnitten

Lernfeld 3

Szenario:

Frau Hackbusch, eine Neukundin in Ihrem Salon, hat trockene, strapazierte Spitzen und Längen, da sie ihre Haare schon viele Jahre lang färbt. Außerdem hat Frau Hackbusch eine sehr trockene und gereizte Kopfhaut.

Die Kundin möchte heute eingehend von Ihnen beraten werden, um Haar und Kopfhaut besser pflegen zu können.

Aufgaben:

1 Überlegen Sie zunächst im Klassenplenum, welche Behandlungsschritte eines Behandlungsplanes Sie ausführen sollten, bevor Sie mit der eigentlichen Haarbehandlung beginnen.

– *Personalien der Kundin aufnehmen*

– *Ermittlung des Kundenwunsches*

– *Beurteilung von Haar- und Kopf-*
haut

– *Behandlungsberatung*

Bild 1: Vorbereiteter Arbeitsplatz

2 Finden Sie sich in kleinen Arbeitgruppen von max. 5 Personen zusammen und überlegen Sie sich gemeinsam mögliche Fragen sowie Beurteilungspunkte (Kriterien) für eine Haar- und Kopfhautbeurteilung. Beachten Sie dazu die Informationen im Kasten unten.

3 Gestalten Sie gemeinsam einen Beurteilungsbogen zur Haar- und Kopfhautbeurteilung und stellen Sie ihn der Klasse vor.

4 Kontrollieren und bewerten Sie Ihren Beurteilungsbogen mithilfe der Beurteilungsbögen der Mitschülerinnen und nehmen Sie ggf. Korrekturen vor.

5 Führen Sie abschließend eine Haar- und Kopfhautbeurteilung mithilfe eines Beurteilungsbogens bei Ihrer Sitznachbarin durch, welches dabei mit der Kamera gefilmt wird. Die Aufzeichnungen dienen der abschließenden Reflexion.

Information:

Eine angemessene Kundenberatung sollte nach folgendem Ablauf gegliedert sein:

a) **Aufnehmen der Personalien sowie des Kundenwunsches**

b) **Beurteilung von Haar und Kopfhaut der Kundin (Befragen – Betrachten – Befühlen)**

c) **Besprechung des Ergebnisses der Haar- und Kopfhautbeurteilung mit der Kundin**

d) **Empfehlen von angemessenen Produkten zur Heimbehandlung und Erläutern von Inhaltsstoffen und Wirkweisen der Pflegeprodukte**

e) **Hinweise zur Benutzung der Pflegeprodukte geben**

Lernfeld 3:	Name:		
Haare und Kopfhaut pflegen	Klasse:	Datum:	Blatt-Nr.:
12 Haar- und Kopfhautbeurteilung			

Szenario:

Anja wird von ihrer Chefin gebeten, das Haar der Neukundin zu waschen. Also greift Anja nach dem nächst besten Shampoo, das sie finden kann und schon geht's los. Beim anschließenden Durchkämmen merkt sie, dass die Haare der Kundin sehr störrisch sind. Die Kundin guckt auch schon ganz ungläubig. „Aber das kann doch nicht am Shampoo liegen, oder?", fragt sich Anja.

Bild 1: Ermittlung des Haar- und Kopfhautzustandes

6 Nehmen Sie Stellung zu Anjas Überlegungen.

Das Haar wurde wahrscheinlich mit einem Shampoo gewaschen, das nicht auf die Haarstruktur abgestimmt ist. Dabei wurde das Haar ggf. zu stark entfettet und ausgetrocknet, sodass es sich schwer entwirren lässt, da die Schuppenschicht angeraut ist.

7 Warum ist eine Haar- und Kopfhautbeurteilung vor Behandlungsbeginn notwendig?

Vor der Reinigung des Haares und der Kopfhaut ist eine Haar- und Kopfhautbeurteilung notwendig, weil sie Voraussetzung für die fachgerechte Beratung der Kunden und die richtige Auswahl von Präparaten und Arbeitstechniken ist.

8 Verwerten Sie verschiedene Diagnoseergebnisse im Hinblick auf den Einsatz möglicher Pflegeprodukte und ihre enthaltenen Pflegesubstanzen. Arbeiten Sie nach folgendem Schema:

Bei der **Diagnose** habe ich festgestellt, dass ...	Deshalb **empfehle ich das Produkt** xy, das die **Wirksubstanzen** z enthält.	Diese **Wirksubstanz(en) sorgen dafür**, dass ... .
Ihre Haare strukturgeschädigt sind.	*Intensivkur (Packung), die Säuren und Fette enthält*	*das Haar adstringiert wird sowie die Kämmbarkeit und Widerstandsfähigkeit verbessert wird.*
Sie unter Schuppenbildung leiden.	*mildes Kopfwasser, das Schwefelverbindungen und Salicylsäure enthält*	*Haar und Kopfhaut desinfiziert werden, sodass der Juckreiz gelindert und Pilze abgetötet werden.*
Ihr Haar und Ihre Kopfhaut fettig sind (Seborrhoe oleosa).	*Shampoo gegen fettiges Haar, welches anionische Tenside enthält*	*das Haar stark entfettet, die Talgproduktion normalisiert und die Kopfhaut beruhigt wird.*
Ihr Haar und Ihre Kopfhaut sehr trocken sind (Sebostase).	*Shampoo gegen trockenes Haar, das Harnstoff und Glycerin enthält*	*das Wasser gebunden und dadurch ein Austrocknen von Haar und Kopfhaut verhindert wird.*

Lernfeld 3

Lernfeld 3:	Name:		
Haare und Kopfhaut pflegen	Klasse:	Datum:	Blatt-Nr.:
13 Präparate zur Pflege von Haar und Kopfhaut			

Szenario:

Frau Grabowski ist Neukundin im Salon „Haargenau" und hat noch keine Kundenkarte. Da der Salon sehr überfüllt ist und Frau Grabowski schon lange an der Rezeption gewartet hat, führt Anja keine Haar- und Kopf-hautbeurteilung durch, bevor sie das Haar der Kundin wäscht.

Nach dem Waschen klagt Frau Grabowski über ein unangenehmes, juckendes Gefühl auf der Kopfhaut. „Was haben Sie denn für ein scharfes Shampoo verwendet?", beklagt sich die Kundin.

Aufgaben:

1. Worauf spricht die Kundin Anja an? Was meint sie mit einem „scharfen Shampoo"?

   Aggressiv wirkende Tenside, die die Kopfhaut und das Haar zu stark entfetten, z. B. anionische Tenside.

2. Beschreiben Sie Frau Grabowski die übliche Zusammensetzung eines Standardshampoos. Füllen Sie dazu die folgende Tabelle aus.

Inhaltsstoffe in Shampoos	Aufgaben
Tenside	reinigen Haar und Kopfhaut
Rückfetter	verhindern ein Austrocknen der Haut; vermeiden Juckreiz
Konditionierungsmittel	verbessern die Kämmbarkeit, verhindern eine elektrostatische Aufladung
Verdickungsmittel	verhindern das Ablaufen
Komplexbildner	binden Mineralien des Wassers wie z. B. Kalk
UV-Filter	schützen das Haar vor photochemischen Belastungen
Konservierungsmittel	machen das Shampoo lagerfähig, verhindern die Besiedlung mit Keimen
Parfümöl	geben dem Shampoo eine spezielle Duftnote
Wasser	löst und verdünnt die Wirkstoffe des Shampoos

Lernfeld 3

Lernfeld 3:	Name:		
Haare und Kopfhaut pflegen	Klasse:	Datum:	Blatt-Nr.:
13 Präparate zur Pflege von Haar und Kopfhaut			

3 **Führen Sie einen Schülerversuch zur Aufhebung der Oberflächenspannung durch Tenside durch. Sie benötigen folgende Materialien und Gegenstände:**

zwei Objektträger, Öl, etwas Ruß oder Staub, einige ml Shampoo

Versuchsanweisungen:

1) Tragen Sie auf beiden Objektträgern jeweils einen dünnen Fettfilm auf (Öl) und streuen Sie etwas Ruß oder Staub darüber.

2) Geben Sie dann auf den einen Objektträger (A) einen Tropfen Wasser und auf den anderen (B) einen Tropfen Shampoo.

Was passiert? Notieren Sie Ihre Beobachtungen!

Nur durch Wasser lässt sich der Ruß-Fett-Film nicht vom Objektträger A lösen.

Erst mithilfe der im Shampoo enthaltenen Tenside werden Schmutz und Fett vom

Objektträger B gelöst.

4 Übertragen Sie Ihre Ergebnisse auf die Friseurpraxis und erklären bzw. interpretieren Sie Ihre Versuchsergebnisse.

Haare waschen ohne Tenside, also ohne Shampoo, bringt keine Reinigungswirkung.

Erst die enthaltenen Tenside (waschaktive Substanzen) sind in der Lage, das Haar

und die Kopfhaut von Staub und Fett zu befreien.

5 **Quiz:** Schreiben Sie so schnell wie möglich alle Shampoosorten auf, die Ihnen einfallen – Sie haben 20 Sekunden Zeit!

z.B. Shampoo für normales, fettiges, trockenes, strapaziertes, gefärbtes, feines und

dauergewelltes Haar, Shampoo gegen Schuppen, Peelingshampoo, Babyshampoo,

Color-Reflex-Shampoo.

Wer kennt in Ihrer Klasse die meisten Shampoosorten?

individuelle Lösung

6 Entwerfen Sie auf einem DIN-A3-Papier eine Mindmap, in der Sie die wichtigsten Informationen zu den unterschiedlichen Shampoos stichwortartig festhalten. Fügen Sie so viele Haupt- und Nebenäste wie nötig an!

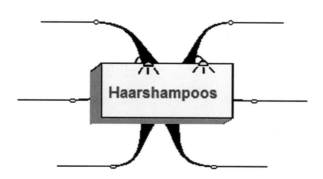

Lernfeld 3

Lernfeld 3:	Name:		
Haare und Kopfhaut pflegen	Klasse:	Datum:	Blatt-Nr.:
13 Präparate zur Pflege von Haar und Kopfhaut			

Lernfeld 3

Szenario:

Anja wäscht das Haar der Neukundin. In der Hektik hat sie zu viel Shampoo aufgetragen und es entsteht sehr viel Schaum. „Wie entsteht eigentlich der Schaum?", überlegt Anja.

7 Beantworten Sie Anjas Frage. Schauen Sie sich dazu die Informationen in Bild 1 an.

Die Tenside umlagern einen Wasser-tropfen, indem sie mit ihrem hydro-philen Teil in das Wasser eintauchen. Im Inneren des Wassertropfens lagert sich aufgrund der Wasch-bewegung Luft an.

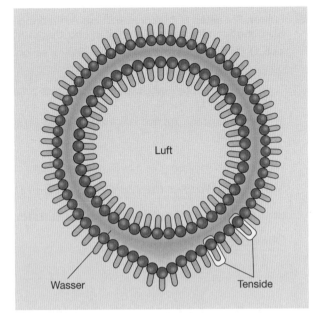

Bild 1: Tensidmoleküle bilden eine Seifenblase

8 Beschreiben Sie den Aufbau der Tenside.

Tenside sind chemische Substanzen, die das Waschen von Haut und Haar mit Wasser unterstützen. Sie enthalten

– eine fettfreundliche (lipophile) Seite, die nicht geladen ist, und

– eine wasserfreundliche (hydrophile) Seite, die entweder negativ (anionisch), positiv (kationisch), positiv und negativ (amphoter) oder nicht geladen (nicht ionogen) ist.

9 Beschreiben Sie die Reinigungswirkung der Tenside mithilfe der Abbildungen.

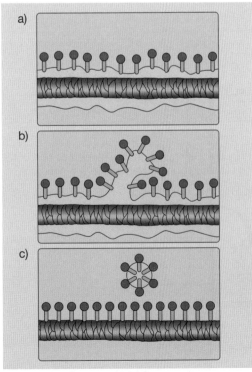

Die Waschwirkung eines Tensids ent-faltet sich im Wasser. Es dringt mit dem fettfreundlichen Teil in den Fettschmutz ein, während der wasserfreundliche Teil in das umgebende Wasser eintaucht und es festhält. Dabei werden die Schmutzteil-chen vom Wasser eingeschlossen. Durch die Waschbewegungen entsteht eine Micelle, die die abgelösten Schmutzpartikel aufnimmt und bis zum Abspülen trägt.

Bild 2: Reinigungswirkung von Tensiden

Lernfeld 3:	Name:		
Haare und Kopfhaut pflegen	Klasse:	Datum:	Blatt-Nr.:
13 Präparate zur Pflege von Haar und Kopfhaut			

Szenario:

Frau Widmann hat einen Termin zum Waschen und Föhnen. Bereits beim Betreten des Salons bemerkt sie die Vielzahl der angebotenen Haarpflegepräparate im Empfangsbereich (Bild 1). Sie staunt und fragt verwundert: „Warum gibt es so viele unterschiedliche Haarpflegepräparate? Welche Wirkungen können damit erzielt werden?"

10 Gehen Sie kurz auf Frau Widmanns Fragen ein.

11 Nennen Sie die Einsatzbereiche der Haarpflegepräparate (Bild 1).

– *Normale Haare*

– *Lange Haare*

– *Trockene, strapazierte Haare*

– *Poröse, strukturgeschädigte Haare*

– *Colorierte oder dauergewellte Haare*

– *Haarspliss*

usw.

Bild 1: Warenpräsentation im Eingangsbereich

12 Notieren Sie die Einsatzbereiche der Kopfhautpräparate.

– *Schuppenbildung*

– *Kopfhautjucken*

– *Haarausfall*

usw.

13 Überlegen Sie im Klassenplenum, welche Präparate zur Pflege von Haar und Kopfhaut Sie bereits während Ihrer Ausbildung kennengelernt haben.

a) Halten Sie Ihre Ergebnisse mithilfe einer Kartenabfrage fest: Schreiben Sie dazu groß und deutlich in DRUCKBUCHSTABEN jeweils ein Präparat zur Haar- und Kopfhautpflege auf ein DIN-A4-Papier. Sie können auch mehrere Präparate aufschreiben, nehmen Sie dazu jedoch stets ein neues Blatt Papier!

b) Erläutern Sie Ihre Nennungen einzeln vor der Klasse und fixieren Sie es mit einem Klebestreifen an der Tafel. Sie können Ihr Papier entweder anderen bereits angehefteten Nennungen zuordnen oder einzeln anhängen, erläutern Sie jedoch jeweils Ihre Intention. Doppelte Nennungen werden aufeinander geheftet; bitte nicht abnehmen!

c) Im Anschluss notieren Sie die genannten Präparate zur Haar- und Kopfhautpflege in die Tabelle auf der nächsten Seite.

d) Finden Sie sich abschließend in Kleingruppen zusammen und erarbeiten Sie gemeinsam die Wirkung der Wirkstoffe und den Nutzen der Pflegepräparate mithilfe der Tabelle auf der folgenden Seite. Informationen dazu finden Sie z. B. im Fachkundebuch.

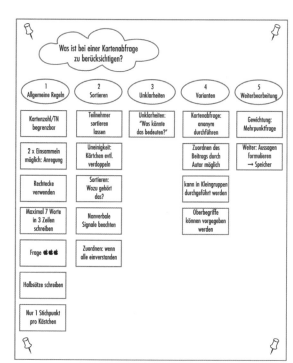

Bild 2: Kartenabfrage

Lernfeld 3:	Name:		
Haare und Kopfhaut pflegen	Klasse:	Datum:	Blatt-Nr.:
13 Präparate zur Pflege von Haar und Kopfhaut			

Mögliche Schülerergebnisse

Präparat	Wirkstoffe und Wirkung	Nutzen
Spülung	– Sie wirkt neutralisierend und adstringierend auf die Haaroberfläche ein. – Haaraffine Stoffe lagern sich an den beanspruchten Stellen an und gleichen Strukturschäden kurzfristig aus. – Katione wirken antistatisch.	– Verbesserung des Glanzes und der Kämmbarkeit – Geschmeidigkeit wird erhöht.
Intensivkur, Packung	– Gerb- und Zitronensäure wirken adstringierend. – Fette und Wachse (z.B. Lanolin, Cholesterin, Lecithin) wirken rückfettend. – Emulgatoren (z.B. Lanettenwachse) ziehen gut in das Haar ein.	– Widerstandsfähigkeit wird gesteigert. – Die Haarstruktur wird versiegelt.
Kurschaum	– Zitronensäure ist für die Neutralisation nach einer Dauerwelle verantwortlich. – Panthenol besitzt eine hohe Affinität zu Haarkeratin und kann tief in das Haar eindringen.	– Feuchtigkeitsbalance wird wieder hergestellt. – Strukturschäden werden ausgeglichen.
Schnellkur/ Strukturant	– Diese Pflegepräparate werden als alkalische Lösungen oder auf Emulsionsbasis angeboten. – Kationaktive Wirkstoffe machen das Haar weicher und geschmeidiger.	– Geschmeidigkeit und Glanz der Haare werden gesteigert. – Geringer Strukturausgleich
Flüssighaar	– Haaridentische Wirkstoffe lagern sich an den geschädigten Stellen des Haares an und gleichen die Strukturunterschiede aus. – Weitere Inhaltsstoffe sind Panthenol und kationaktive Wirkstoffe.	– Schutz vor äußeren Einflüssen – Glanz und Vitalität der Haare werden verstärkt.
Pflegelotion	– Lanolin und Cholesterin wirken schützend und strukturausgleichend. – Betain spendet Feuchtigkeit. – Liposome transportieren wertvolle Pflegestoffe.	– Einfluss äußerer Belastungen wird verringert. – Glanz und Kämmbarkeit werden erhöht.

14 Alkohole sind die Grundlagen vieler Haar- und Kopfwässer. Nennen Sie zwei verschiedene Alkoholarten und deren Wirkungen auf der Kopfhaut.

Ethanol und Isopropanol, 40%ige bis 60%ige Konzentration, wirken erfrischend,

entzündungshemmend und in Verbindung mit einer Kopfmassage durchblutungs-

fördernd.

15 In der folgenden Tabelle sind einige der gebräuchlichsten Wirkstoffe in Haar- und Kopfhautwässern in alphabetischer Reihenfolge aufgeführt. Bestimmen Sie mithilfe Ihres Fachkundebuches oder des Internets die Wirkungen der Wirkstoffe.

Wirkstoff	Wirkung
Allantoin	*entzündungshemmend*
Aloe vera	*entzündungshemmend, feuchtigkeitsbindend*
Birkenextrakt	*haarkräftigend, haarwachstumsfördernd*
Bisabolol (Wirkstoff der Kamille)	*entzündungshemmend*
Brennnesselextrakt	*durchblutungsfördernd*
Ginseng	*haar- und kopfhautkräftigend*
Glycine, Aminosäure	*haarstrukturverbessernd*
Koffein	*durchblutungsfördernd, haarwuchsanregend*
Menthol (ätherisches Öl aus der Pfefferminze)	*kühlend, juckreizstillend, erfrischend, belebend, desinfizierend*
Panthenol, Provitamin B5	*feuchtigkeitsbindend*
Propylene Glycol	*feuchtigkeitsbindend*
Salicylsäure	*hornlösend, schuppenlösend, entzündungshemmend, keimabwehrend*
Sulfur, Schwefel	*hornlösend, desinfizierend, talgverringernd*

Lernfeld 3:	Name:		
Haare und Kopfhaut pflegen	Klasse:	Datum:	Blatt-Nr.:
13 **Präparate zur Pflege von Haar und Kopfhaut**			

Szenario:

Eine Neukundin ist bei Ihnen zur Beratung angemeldet. Den Schwerpunkt dieser Beratung bilden die Haar- und Kopfhautprobleme der Kundin. Ihre Aufgabe ist, den Kundenwunsch zu ermitteln und die Kundin individuell zu beraten.

Sie sollten darauf achten, dass Sie die Haar- und Kopfhautprobleme der Kundin richtig erkennen und ihr dafür Präparate, Pflegemaßnahmen und Tipps, auch für die Heimbehandlung, anbieten. Nennen Sie auch die Wirkungen der enthaltenen Wirkstoffe, beschreiben Sie deren Nutzen und geben Sie Anwendungshinweise.

Erst wenn die Kundin Ihnen signalisiert, dass sie alles verstanden hat und bereit ist, die Produkte zu kaufen, kann das Beratungsgespräch abgeschlossen werden, indem Sie in die folgende Behandlung überleiten.

Bild 1: Ermittlung des Kundenwunsches

Ein solches Szenario ist Teil einer Aufgabe zur Gesellenprüfung Teil 2. Zur Vorbereitung darauf bearbeiten Sie bitte die folgenden Aufgaben.

a) Vorbereitung

● Besprechen Sie, was im Verlauf dieses Beratungsgesprächs für den Prüfling von Bedeutung ist und entwickeln Sie daraus einen Kriterienkatalog zur Bewertung des Beratungsgesprächs, den Sie in ausreichender Stückzahl für die gesamte Klasse kopieren.

● Suchen Sie sich eine Partnerin mit der Sie die o. g. Situation nachspielen.

● Lassen Sie jedes einzelne Beratungsgespräch bzw. Rollenspiel von einer Mitschülerin oder der Lehrerin mit der Videokamera aufzeichnen.

● Bereiten Sie sich gut auf das Rollenspiel vor (Verteilung der Rollen, Arbeitsplatzgestaltung, Werkzeug und Hilfsmittel, Produkte, usw.).

b) Durchführung

● Führen Sie das Rollenspiel vor der Klasse und laufender Kamera durch, während die Klassenkameradinnen Notizen zu den einzelnen Beratungsgesprächen in den Kriterienkatalog eintragen.

● Beschreiben Sie nach dem Rollenspiel der Klasse spontan, wie Sie sich fühlen. Die Mitschülerinnen hören nur zu!

c) Nachbesprechung

● Schauen Sie sich gemeinsam die einzelnen Videoaufzeichnungen an. Geben Sie nach jedem Beratungsgespräch den beiden Darstellern anhand des Kriterienkatalogs eine Rückmeldung.

d) Reflexion

● Reflektieren Sie die Methode des Rollenspiels und bewerten Sie Ihren Lernerfolg.

Bild 2: Schülerinnen reflektieren ihren Lernerfolg

Lernfeld 3:	Name:		
Haare und Kopfhaut pflegen	Klasse:	Datum:	Blatt-Nr.:
14 Haarwäsche			

Szenario:

Frau Hansen kommt leidenschaftlich gerne in den Salon „Haargenau", um sich einfach nur die Haare waschen und die Kopfhaut massieren zu lassen. Sie relaxt und fühlt sich danach wie neu geboren. Frau Hansen genießt die Salonatmosphäre und den Luxus der Haarwäsche ganz besonders (Bild 1).

Aufgaben:

1 Überlegen Sie sich gemeinsam in einer Kleingruppe einen möglichen Handlungsablauf der Haar- und Kopfhautreinigung und halten Sie diesen Ablauf schriftlich fest (Waschumhang umlegen, Haare kämmen, usw.).

2 Entwerfen Sie einen ganz einfachen Salon-Grundriss, der die wichtigsten Bereiche im Salon zeichnerisch andeutet (Eingangsbereich, Garderobe usw.). Benutzen Sie dazu, wenn möglich, Papier im DIN-A3-Format. Alternativ können Sie auch die Salonkonzeption auf der nächsten Seite verwenden.

3 Schneiden Sie die gesammelten Begriffe, die den Handlungsablauf der Haar- und Kopfhautreinigung beschreiben aus der Aufgabe 1 aus und ordnen Sie sie den jeweiligen Bereichen des Salon-Grundrisses aus der Aufgabe 2 zu (z. B.: Bedienungsplatz = Waschumhang umlegen, Haare kämmen usw.)

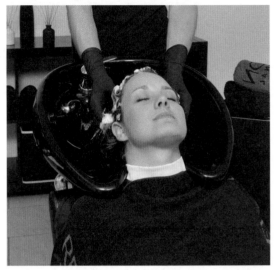

Bild 1: Erlebnis-Haarwäsche

4 Befestigen Sie Ihre Ergebnisse an den Klassenwänden und stellen Sie sie in Form einer „stillen Vernissage" dem Plenum vor. Oder begleiten Sie ihre Aushänge mithilfe eines kurzen Vortrages (max. 5 Minuten), indem Sie den Mitschülerinnen erläutern, wie und wo Sie im Salon die Haarwäsche durchführen.

5 Erläutern Sie, warum Haar und Haut gereinigt werden müssen.

 – *Gesunderhaltung von Haar und Kopfhaut, Beseitigung von Krankheitskeimen und deren Nährboden*

 – *gepflegtes Aussehen, Hygiene, Sauberkeit*

 – *Entspannung und Wohlempfinden*

 – *Vorbereitung auf Friseurarbeiten wie Schneiden, Dauerwellen etc.*

6 Nennen Sie Nachteile der Vorwärtswäsche und Vorteile der Rückwärtswäsche.
Nachteile der Vorwärtswäsche:

Friseurin steht seitlich neben der Kundin und beugt sich nach vorne. Der Rücken wird belastet. Kundin beugt sich nach vorne. Die Haltung ist für sie unbequem. Ihr Make-up kann verschmiert werden. Reinigungsmassage verläuft vom Nacken zur Stirn.

Vorteile der Rückwärtswäsche:

Friseurin steht hinter der Kundin und auch seitlich neben ihr. Sie kann in aufrechter Körperhaltung arbeiten. Der Rücken wird wenig belastet. Kundin beugt den Nacken nach hinten. Die Sitzhaltung ist für sie bequem. Ihr Make-up wird geschont. Reinigungsmassage verläuft von der Stirn zum Nacken.

Lernfeld 3

Lernfeld 3

Kundin nach Abschluss der Behandlung zur Rezeption begleiten

der Kundin bei der Garderobe behilflich sein

die Kundin freundlich verabschieden

die Kundin begrüßen, den Mantel abnehmen und zum Behandlungsplatz oder Warteplatz begleiten

ein Handtuch um den Kopf der Kundin legen und zum Behandlungsplatz zurück begleiten

den Kopf der Kundin sicher und bequem ans Waschbecken legen

Waschhandschuhe anziehen

die Kundin zum Waschplatz begleiten

der Kundin den Ablauf der Haar- und Kopfhautbeurteilung (Befragen – Beurteilen der Kopfhaut – Beurteilen des Haarzustandes) erläutern

die Haare der Kundin durchkämmen

Handtuch und Waschumhang umlegen

die Kundin nach ihrem Namen fragen und sich selbst der Kundin vorstellen

die Kundin nach ihrem Kundenwunsch fragen

Haare vorsichtig durchkämmen

Pflege- und Reinigungsprodukte erläutern und für eine Heimbehandlung empfehlen

weitere Behandlungsschritte wie Dauerwelle, Haarschnitt usw. durchführen

Mischecke

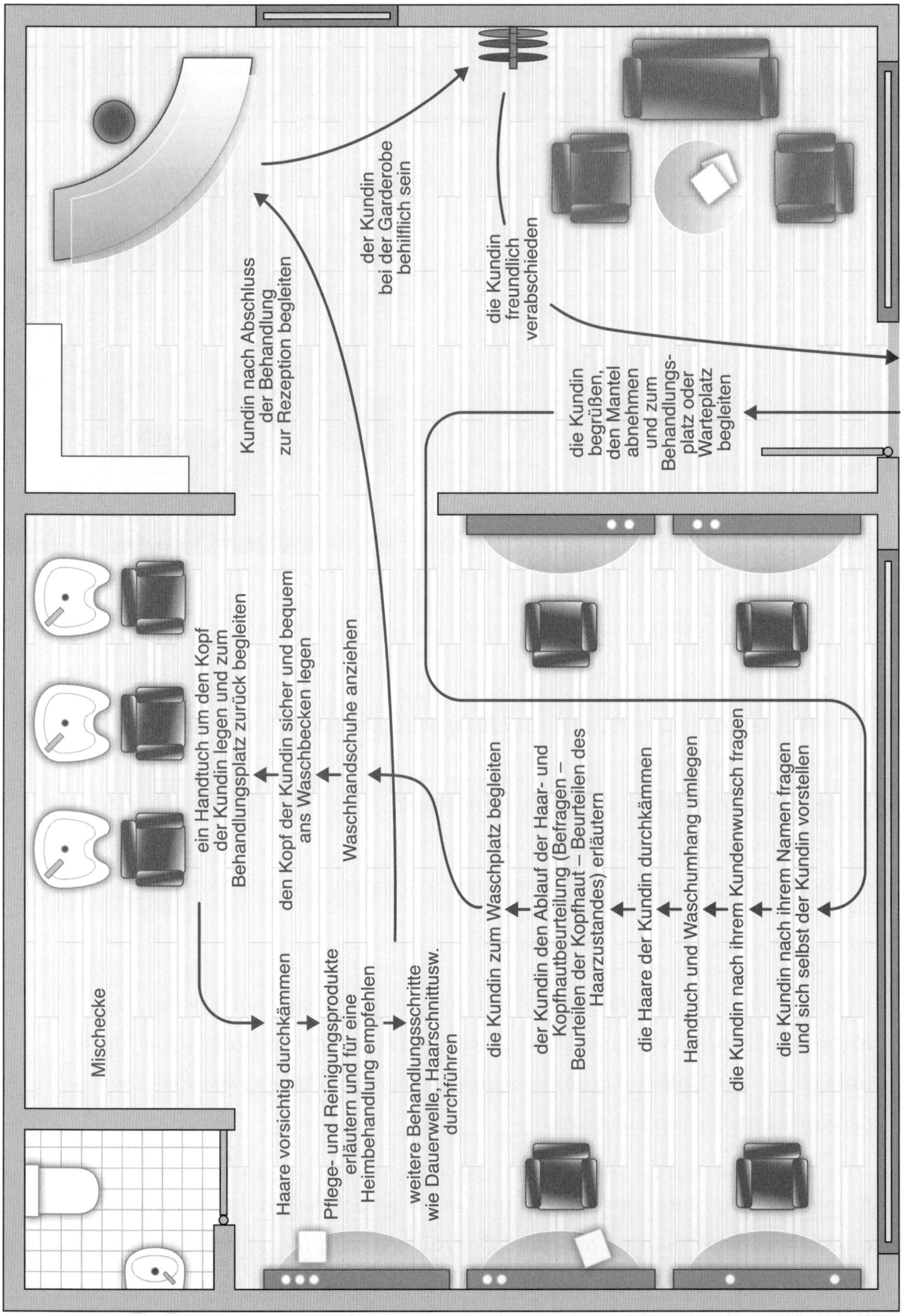

Bild 1: Salongrundriss

	Lernfeld 3:	Name:		
EUROPA LEHRMITTEL	**Haare und Kopfhaut pflegen**	Klasse:	Datum:	Blatt-Nr.:
	15 Kopfmassage			

Szenario:

In der Berufsschule berichten die Auszubildenden von ihren Tätigkeiten im Salon. Anja erzählt, dass sie sogar eine Stammkundin habe, die sich ausschließlich von ihr die Haare waschen und die Kopfmassage durchführen lässt. „Warum?", fragen die Mitschülerinnen. „Tja", sagt Anja schmunzelnd „ich habe die magischen Hände!".

Aufgaben:

1. Was meint Anja damit? Haben Sie ähnliche Erfahrungen gemacht? Diskutieren Sie.

2. Beschreiben Sie die dargestellten Behandlungsschritte einer Kopfmassage.

Darstellung	Beschreibung	Darstellung	Beschreibung
①	*Beidseitiges Ausstreichen der Nacken- muskulatur von oben nach unten*	②	*Einseitiges Ausstreichen der Nacken- muskulatur von oben nach unten*
③	*Ausstreichen des Hinterkop- fes und der Nackenpartie*	④	*Friktionen in den Nacken- kuhlen*
⑤	*Plissieren der Kopfhaut (Lockerungs- massage)*	⑥	*Massage im Bindegewebe auf der Kopf- haut (Durch- blutungs- massage)*
⑦	*Ausstreichen des vorderen Haaransatzes*	⑧	*Großer Aus- streichgriff*

	Lernfeld 3:	Name:		
	Haare und Kopfhaut pflegen	Klasse:	Datum:	Blatt-Nr.:
	15 Kopfmassage			

3 Informieren Sie sich mithilfe Ihres Fachkundebuches über die verschiedenen Massagegriffe und deren Wirkungen.

4 Füllen Sie anschließend die folgende Tabelle aus.

Grundlegende Massagegriffe und ihre Wirkungen

Massageart	Beschreibung/Durchführung	Wirkung
Effleurage (_streichende Griffe_)		– *Dient der Kontaktaufnahme* – *Beruhigend und entspannend* – *Verbessert den Lymphstrom und die Durchblutung*
Friktionen (_reibende Griffe_)		– *Dient der Verteilung des Präparates* – *Fördert die Entleerung von Talgdrüsen* – *Trägt Hornschuppen ab*
Plissieren (_lockernde Griffe_)		– *Steigert die Durchblutung* – *Lockert die Muskulatur und das Bindegewebe* – *Auch als „walken" bezeichnet*
Tapotement (_klopfende Griffe_)		– *Regt den Stoffwechsel an* – *Aktiviert die Hautnerven* – *Erhöht die Muskelspannung*
Nervendruckpunktmassage (_Akupressur_)		– *Wirkt beruhigend und krampflösend* – *Belebt durch Reizung der Nerven*
Massage im Bindegewebe		– *Intensive Steigerung der Durchblutung* – *Trainiert die Bindegewebsfasern* – *Intensive Wirkstoffzufuhr*

Situation:

Anja and Susan are talking about situations that may occur during client consultations. Susan asks Anja the following questions.

"You are preparing for your first client consultation. What information do you need to get and what questions could you ask the client?"

Haarpflegeprodukte?

Which hair care products do you use?

_____

Hautprobleme?

individual solutions possible, e.g.:

Do you have any skin problems?

Letzte Haarwäsche

individual solutions possible, e.g.:

When was the last time you washed your hair?

Gewünschte Haarlänge

individual solutions possible, e.g.:

Do you prefer short or long hair?

Geburtsdatum?

individual solutions possible, e.g.:

When were you born?

Dauerwelle?

individual solutions possible, e.g.:

Have you ever had a perm?

Naturhaarfarbe?

individual solutions possible, e.g.:

What is your natural hair colour?

Schuppen?

individual solutions possible, e.g.:

Do you suffer from dandruff?

"You are filling in a client consultation form. Your client asks you these questions. What do you answer?"

f) Is my data protected?

a) Why do you want to know my birth date?

c) I think I'm losing a lot of hair. Is that normal?

d) Do you think this colour would suit me?

e) Why are these products so expensive?

b) Does it matter how often I wash my hair?

a)   *individual solutions possible, e.g.: This information helps us in our hair analysis.*

b)   *individual solutions possible, e.g.: No, as long as you use a gentle shampoo.*

c)   *individual solutions possible, e.g.: Yes, it's normal to loose about a hundred hairs a day and if you've got long hair it locks a lot more. So there is nothing to worry about.*

d)   *individual solutions possible, e.g.: Yes, because it matches your personal colour type.*

e)   *individual solutions possible, e.g.: They are concentrated and you only need a small amount.*

f)   *individual solutions possible, e.g.: Yes, the record cards are locked away.*

Lernfeld 3

Lernfeld 3:
Haare und Kopfhaut pflegen
16 English: Recommending hair care products

Name:

Class: | Date: | Page No

1 Refer to your textbook and choose one or two hair and scalp conditions. Create your own products and describe the advantages and the use of these to a client.

picture of your products	description of advantages and use
	_____ _____ _____ _____ _____ _____ _____ _____
	_____ _____ _____ _____ _____ _____ _____ _____ _____

2 Complete the sentences Anja could use for recommending hair care products. Note: Every recommendation should be explained to the client.

(individual solutions)

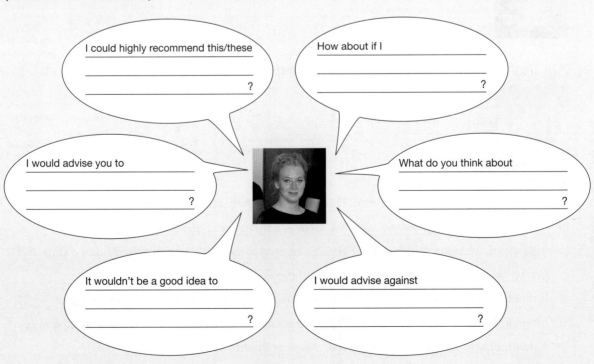

I could highly recommend this/these _____ _____ ?

How about if I _____ _____ ?

I would advise you to _____ _____ ?

What do you think about _____ _____ ?

It wouldn't be a good idea to _____ _____ ?

I would advise against _____ _____ ?

Lernfeld 4:	Name:		
Frisuren empfehlen	Klasse:	Datum:	Blatt-Nr.:
1 Haarkontur und Haarqualität			

Szenario:

Frau Schopp hat einen Termin zur Frisurenberatung. Sie hat eine sehr hohe Stirn, feines Haar und insgesamt ein sehr geringes Haarvolumen. Ihre derzeitige Frisur gefällt ihr nicht mehr, da sie die natürlichen Gegebenheiten ihrer Haare negativ zur Geltung bringt (Bild 1).

Bild 1: Frau Schopp

Aufgaben:

1. Machen Sie sich vor der Beratung von Frau Schopp zunächst mit den Fachbegriffen der Haarkontur vertraut und beschriften Sie die nebenstehende Abbildung.

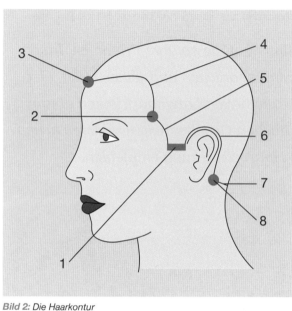

Bild 2: Die Haarkontur

1 = *Ohrentampel*

2 = *Schläfentampel*

3 = *Stirntampel*

4 = *Stirnansatz*

5 = *Schläfenansatz*

6 = *Ohrenansatz*

7 = *Nackenansatz*

8 = *Nackentampel*

2. Erläutern Sie der Kundin, was der Friseur mit einer „hohen Stirn" bezeichnet.

Als „hohe Stirn" bezeichnet ein Friseur den weiten Abstand der Augenbrauen zur bewachsenen Haarkontur, der Stirntampel. In der Renaissance galt eine hohe Stirn als Schönheitsideal, sodass sich die Frauen die Haare an der Stirn zupfen ließen und so den Stirnansatz bis auf die Schädeldecke erweiterten.

3. Wie kann die hohe Stirn von Frau Schopp (Bild 1) kaschiert werden?

Beim Zupfen der Augenbrauen sollte darauf geachtet werden, dass sie nicht zu schmal werden. Bei einer großen Stirn sollte man etwas dichtere Augenbrauen haben. Außerdem sollten die Augenbrauen etwas „hoch" gezupft werden, damit die Stirn kaschiert wird. Ein Seitenpony kann eine hohe Stirn ebenfalls gut kaschieren.

Lernfeld 4

	Lernfeld 4:	Name:		
	Frisuren empfehlen	Klasse:	Datum:	Blatt-Nr.:
	1 Haarkontur und Haarqualität			

4   Definieren Sie die Begriffe „Haarqualität", „Haarvolumen", „Haarmenge" und „Haarstärke".

Der Oberbegriff „Haarqualität" umfasst die Begriffe „Haarvolumen", „Haarmenge"

und „Haarstärke", das heißt, dass sich die Haarqualität aus den o. g. natürlichen

Gegebenheiten des Haares ergibt. Das natürliche Haarvolumen bezeichnet die

Haarmenge im Verhältnis zur Haarstärke (Durchmesser feines Haar: 0,04 mm,

mittleres Haar: 0,05 mm–0,07 mm, dickes Haar: ab 0,08 mm). Bei der Haarmenge

muss der gesamte behaarte Kopf berücksichtigt werden. Die Haarmenge

beschreibt „sehr volles", „normal volles" oder „spärliches" Haar.

5   Beschreiben Sie, wie die Haarqualität, und damit das Haarvolumen, die Haarmenge und die Haarstärke, die spätere Frisur beeinflusst.

Die Haarqualität hat entscheidenden Einfluss auf die spätere Frisur. Ist das

Haarvolumen sehr gering und hat die Kundin spärliches und feines Haar, also

eine geringe Haarmenge, so sollte die Friseurin ihr von Langhaarfrisuren abraten,

da die Wirkung der Frisur bei diesen natürlichen Gegebenheiten verloren gehen

würde. Alternativ kann die Friseurin eine Haarverdichtung empfehlen.

6   Empfehlen Sie Frau Schopp eine Frisur, die ihre hohe Stirn kaschiert und gleichzeitig auf die natürlichen Haargegebenheiten eingeht (s. Szenario). Stellen Sie Ihre Frisurenempfehlung zur Veranschaulichung auch zeichnerisch in den Bilder 1 und 2 dar.

individuelle Lösung

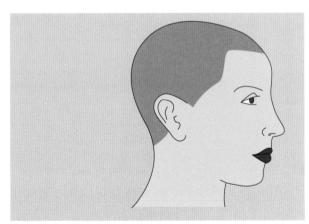

Bild 1: Frisurenempfehlung für Frau Schopp (Seitenansicht)

Bild 2: Frisurenempfehlung für Frau Schopp (Vorderansicht)

Lernfeld 4

Szenario:

Frau Ulferts hat schulterlanges, feines Haar mit sehr geringem Haarvolumen. Außerdem trägt sie einen geraden Vollpony. Sie beklagt, dass Sie mit ihrem Frisurenstyling überhaupt nicht zurecht kommt, da das Haar am Oberkopf auseinander fällt und der Pony sich in der Mitte scheitelt.

Aufgaben:

1 Warum sind die Informationen, die Frau Ulferts der Gesellin vor der Frisurenerstellung gibt, von besonderer Bedeutung?

– *Weil die Gesellin den Haarschnitt dementsprechend angleichen soll.*

– *Oberkopf etwas länger lassen und eventuell effilieren, damit kurze Stützhaare*

  ein Auseinanderfallen verhindern.

2 Ordnen Sie den Bildern die korrekte Beschreibung der Haarwuchsrichtung oder des Wirbels zu, indem Sie Zusammengehöriges durch Pfeile verbinden!

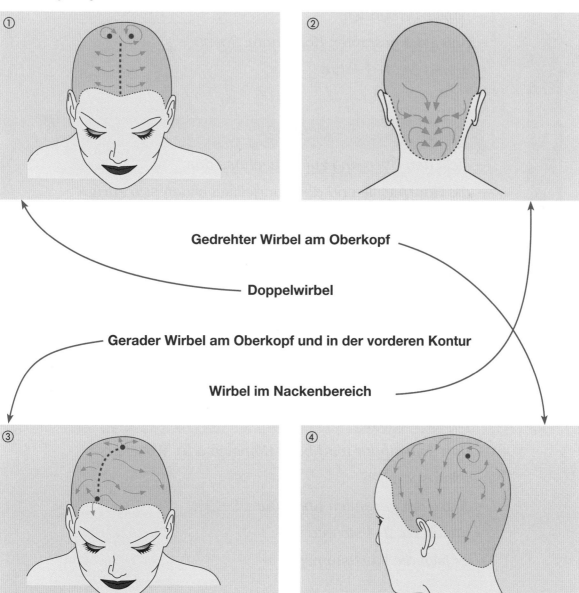

Gedrehter Wirbel am Oberkopf

Doppelwirbel

Gerader Wirbel am Oberkopf und in der vorderen Kontur

Wirbel im Nackenbereich

Lernfeld 4

95

Lernfeld 4:	Name:		
Frisuren empfehlen	Klasse:	Datum:	Blatt-Nr.:
3 Natürlicher Haarwechsel			

Szenario:

Frau Gruber, eine Neukundin in Ihrem Salon, ist im 7. Monat schwanger. Sie freut sich schon sehr auf das Baby. Seit einiger Zeit leidet sie jedoch unter Haarausfall. Sie hat extra ihre ausgefallenen Haare zu Hause gezählt: es sind täglich ca. 75 Haare. „Das ist doch nicht normal, oder?", fragt Frau Gruber besorgt.

Aufgaben:

1 Was meinen Sie? Beraten Sie Frau Gruber fachlich fundiert.

2 Erläutern Sie Frau Gruber den natürlichen Haarwechsel.

Wachstumsphase (_Anagenphase_)

– *in der Haarmatrix werden ständig neue Zellen gebildet;*
  das Haar wächst
– *das Papillarhaar (Anagenhaar) ist fest mit der Haar-*
  papille verbunden
– *Anteil der gesamten Kopfhaare: 80–90 %*
– *dauert ca. 4–6 Jahre*

Übergangsphase (_Katagenphase_)

– *stellt den Übergang zur Ruhephase dar*
– *die Haarpapille und der Haarfollikel bilden sich zurück*
– *das Ende des Übergangshaars (Katagenhaar) wird spitzer*
– *Anteil der Kopfhaare: 1 %*
– *dauert ca. 2–4 Wochen*

Ruhephase (_Telogenphase_)

– *das Haar löst sich nun völlig aus der Haarpapille*
– *es kann ein neuer Haarfollikel und eine neue Haar-*
  papille entstehen
– *das Kolbenhaar wird beim Kämmen oder Waschen*
  herausgezogen
– *Anteil der gesamten Kopfhaare: 9–19 %*
– *dauert ca. 2–4 Monate*
– *es folgt die Wachstumsphase*

3 Hier ist einiges durcheinander geraten... Finden Sie zusammengehörige Wortgruppen, die Sie jeweils in derselben Farbe markieren (Sie brauchen dazu drei verschiedene Farben!).

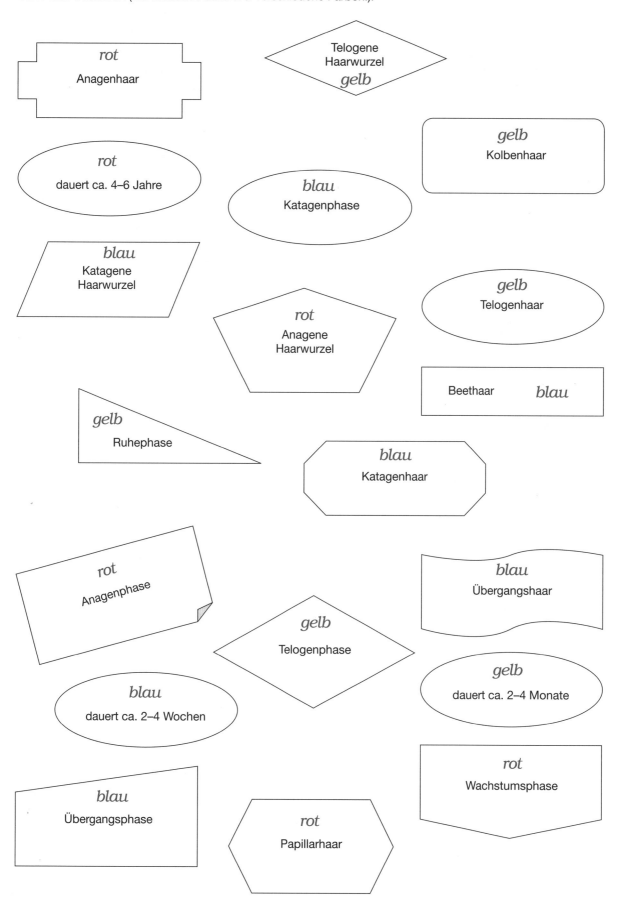

4 Die folgenden Abbildungen zeigen Aufnahmen von Haaren, die aus den unterschiedlichen Zyklusphasen stammen. Beschreiben Sie die Abbildungen 1 bis 4 in der nebenstehenden Tabelle!

Abbildung	Beschreibung	Abbildung	Beschreibung
①	*– Haar in der Wachstums- phase (Anagen- phase)* *– Anagenhaar oder Papillar- haar genannt* *– Die anagene Haarwurzel ist eindeutig zu erkennen*	②	*– Haar in der Übergangsphase (Katagenphase)* *– Katagenhaar, Beet- oder Übergangshaar genannt* *– Haarzwiebel wird spitzer*
③	*– Haar in der Telogenphase (Ruhephase)* *– Kolbenhaar* *– Haarwurzel ist verkümmert*	④	*– Dystrophisches Haar z. B. nach diffusem Haar- ausfall* *– Stammen aus der Wachs- tumsphase* *– Stark geschä- digtes Anagen- haar* *– Spitz zulaufen- des Haarende*

5 Im Normalfall durchläuft jedes Haar den natürlichen Haarwechsel. Es fällt nach der dritten Phase als Telogenhaar aus und wird durch ein neues Anagenhaar ersetzt.

Geben Sie kurz die wichtigsten Informationen zum natürlichen Haarwechsel in der folgenden Tabelle wieder.

Phasenfolge	Phasen- beschreibung	Fachbegriff	Dauer	Prozentuale Verteilung
1. Phase	*Wachstums- phase*	*Anagenphase*	*4–6 Jahre*	*80–90 %*
2. Phase	*Übergangs- phase*	*Katagenphase*	*2–4 Wochen*	*1 %*
3. Phase	*Ruhephase*	*Telogenphase*	*2–4 Monate*	*9–19 %*

Lernfeld 4

Szenario:

Herr Hansen hat stark ausgeprägte Geheimrats-ecken und eine beginnende Glatze (Bild 1). Leider ist er damit sehr unzufrieden! Seit einigen Wochen benutzt er ein Haar- und Kopfhautwas-ser, aber leider ist der versprochene Erfolg bisher ausgeblieben. Er ist ratlos.

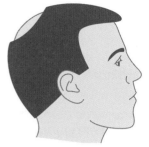

Bild 1: Haarausfall des männlichen Typs

Aufgaben:

1. Äußern Sie sich spontan zu der Situation. Kennen Sie ähnliche Äußerungen von Kunden?

2. Informieren Sie sich eingehend über das Thema „Haarausfall", z.B. im Fachkundebuch.

3. Bilden Sie drei möglichst gleich große Gruppen. Beachten Sie dabei, dass die Gruppe ebenfalls geteilt werden sollte, wenn mehr als fünf Schülerinnen in einer Gruppe sind!
   Gruppe 1: Haarausfall nach dem männlichen Typ
   Gruppe 2: Kreisrunder Haarausfall
   Gruppe 3: Symptomatisch-diffuser Haarausfall

4. Erstellen Sie, wenn möglich auf einer OHP-Folie oder einem Plakat, gemeinsam eine Mindmap zum oben genannten Thema. Die Mindmap sollte folgende Hauptäste enthalten:

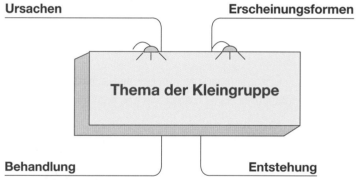

Bild 2: Mindmap-Vorlage zum Thema „Haarausfall"

5. Präsentieren Sie der Klasse anschließend Ihre Ergebnisse!

6. Erläutern Sie Herrn Hansen (aus dem Szenario) kurz die Ursachen seines ausgeprägten Haarausfalls.

   – Androgenetischer Haarausfall

   – Die Haarfollikel sind sehr empfindlich gegenüber den männlichen

   Geschlechtshormonen (Androgenen) und fallen aus.

7. Die Industrie bietet eine Vielzahl an Haar- und Kopfhautwässern an, die als „Geheimwaffe" gegen männlichen Haarausfall gehandelt werden. Nehmen Sie kritisch Stellung dazu!

   – Haar- und Kopfhautwässer sind keine „Geheimwaffe" gegen androgenetischen

   Haarausfall, weil sie dessen Ursache nicht bekämpfen; sie nehmen keinen

   Einfluss auf den Hormonhaushalt des Kunden.

   – Dienen der Pflege, dem Wohlbefinden und einer Durchblutungssteigerung.

Lernfeld 4

8 Füllen Sie die Lücken des Lückentextes mit den unten angegebenen Wörtern sinnvoll aus.

Haarausfall, der über den natürlichen Haarwechsel hinausgeht, nennt man ___*Alopecie*___. Das Erscheinungsbild zeigt verminderten Haarbestand, Lichtungen, Kahlstellen oder völlige ___*Kahlheit*___. Androgenetischer Haarausfall (___*Haarausfall nach dem männl. Typ*___) kann frühestens mit einsetzender Geschlechtsreife beginnen. Ursache für androgenetischen Haarausfall bei Mann und Frau ist eine ererbte ___*Überempfindlich-*___ ___*keit*___ der Haarwurzeln gegenüber ___*männlichen*___ Geschlechtshormonen, den ___*Androgenen*___. Beim Mann sind bestimmte ___*Ausprägungen*___ der Glatzenbildung bekannt. Bei der Frau tritt der Haarverlust in Form von Lichtungen im Bereich des ___*Oberkopfes*___ auf. Die Haarkonturen der Stirn bleiben weitgehend erhalten. Bei Frauen wird der Haarausfall häufig von einer ___*Seborrhoe*___ begleitet, die der Arzt behandeln kann. Bei Männern hätte eine solche Behandlung unerwünschte ___*Nebenwirkungen*___, wie die Vergrößerung der Brüste. Gängige Haarwässer und Haarwuchstinkturen bleiben ohne Erfolg, da sie keinen Einfluss auf den Hormonhaushalt haben.

Zugbelastungen durch zu straffe ___*Flecht*___ - oder Einschlagfrisuren können auch zu ___*Haarausfall*___ führen, ebenso andauernde Druckbelastungen durch Spangen oder Kopfbedeckungen. Die Kopfhaut vernarbt in den betroffenen Bereichen. Es entstehen bleibende ___*Kahlstellen*___.

Symptomatisch-diffuser Haarausfall (der gleichmäßig ___*verteilte*___, verstärkte Haarausfall) führt am Oberkopf, im Wirbelbereich oder an den „Geheimratsecken" zu diffusen Lichtungen. Die Ursachen dafür sind sehr unterschiedlich. Eine mögliche Ursache ist eine hormonelle Veränderung: z. B. durch Anti- ___*Baby-Pillen*___ oder Entbindungen. Auch die Einnahme von Medikamenten zur Hemmung der Blutgerinnung, schwere, von Fieber begleitete Krankheiten, Infektionen oder ___*Vergiftungen*___ z. B. durch Arsen, Blei, Quecksilber, aber auch Bestrahlungen sowie schwere nervliche Belastungen oder Stoffwechselstörungen (z. B. nach Diät- und Fastenkuren) können zu ___*diffusem*___ Haarausfall führen. Besondere Behandlungen sind nicht erforderlich, da nach Beseitigung der ___*Ursache*___ die Haare nachwachsen.

Kreisrunder Haarausfall (___*Alopecia areata*___) führt zu kreisrunden oder ovalen, scharf begrenzten Kahlstellen, die einzeln oder mehrfach auftreten. In der unmittelbaren Umgebung einer solchen Kahlstelle lassen sich die Haare leicht und völlig ___*widerstandslos*___ ausziehen. Am ___*Rand*___ der Kahlstelle stehen ca. 3 mm lange Haarstümpfe. Wegen des verdickten, ausgefransten Endes an der Bruchstelle werden sie auch als „___*Kommahaare*___" bezeichnet. Die nachwachsenden Haare können anfangs unpigmentiert sein. Später setzt eine ___*gleichmäßige*___ Pigmentierung ein. In Ausnahmefällen kommt es jedoch zu ___*völliger*___ Kahlheit, der sogenannten ___*Alopecia totalis*___. Fallen zusätzlich Körperhaare aus, spricht man von einer ___*Alopecia*___ ___*universalis*___.

Die Ursachen sind noch nicht endgültig geklärt.

Wichtig für die Friseurpraxis ist, dass der kreisrunde Haarausfall ___*nicht*___ ansteckend ist. Betroffene Kunden sind ohne weiteres zu ___*bedienen*___. Man sollte ihnen den Besuch eines Hautarztes (___*Dermatologen*___) empfehlen.

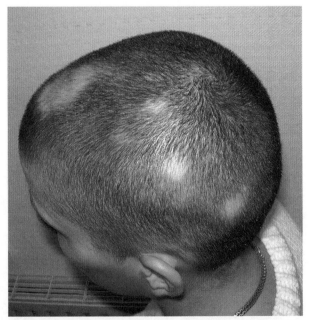

Bild 1: Kreisrunder Haarausfall

Alopecia areata, Alopecia totalis, Alopecia universalis, Alopecie, Androgenen, Ausprägungen, Baby-Pillen, bedienen, Dermatologen, diffusem, Flecht, gleichmäßige, Haarausfall nach dem männlichen Typ, Haarverlusten, Kahlheit, Kahlstellen, Kommahaare, männlichen, Nebenwirkungen, nicht, Oberkopfes, Rand, Seborrhoe, Überempfindlichkeit, Ursache, Vergiftungen, verteilte, völliger, widerstandslos

Lernfeld 4

Szenario:

Frau Kröger, eine sehr schlanke, kleine Frau, trägt ihre langen Haare normalerweise stark toupiert und mit sehr viel Volumen am Oberkopf (Bild 1). Beim heutigen Friseurbesuch bittet sie Anja, ihr eine neue Frisur zu empfehlen, um einmal etwas Neues auszuprobieren.

Aufgaben:

1. Erläutern Sie der Kundin, was unter „Proportionen" und dem „Goldenen Schnitt" verstanden wird.

Unter Proportion versteht man das Verhältnis der einzelnen Linien, Flächen oder Körper zueinander und zum Gesamten. In der Kunst und in der Natur gilt der Goldene Schnitt als ideale Proportion. Damit ist die Teilung einer Strecke in zwei Abschnitte von unterschiedlicher Länge gemeint, wie z. B. Teilungsverhältnisse von 3:5, 5:8, 8:13 oder 13:21, die als harmonisch empfunden werden.

Bild 1: Frau Kröger

2. Beschreiben Sie Frau Kröger eine vorteilhafte Frisur, die Sie nach dem Goldenen Schnitt kreieren.

Da Frau Kröger sehr klein und zierlich ist, sollte sie eine Frisur tragen, die zu ihrem Körper passt. Die Proportionen von Körper und Kopf/Frisur sollten dem Goldenen Schnitt angepasst sein. Es eignen sich daher eng anliegende Frisuren oder Kurzhaarfrisuren.

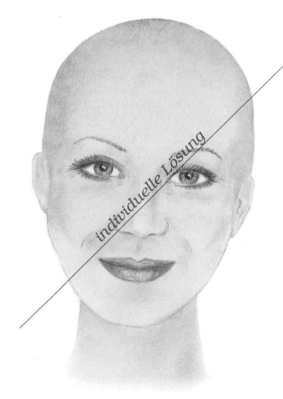

individuelle Lösung

3. Um der Kundin Ihre Vorstellung zu verdeutlichen, zeichnen Sie die oben beschriebene Frisur in das Bild 2.

Bild 2: Frisurenvorschlag für Frau Kröger

Lernfeld 4

101

Szenario:

*Eine Kundin hat einen Termin zum Waschen-Legen.
„Ich möchte gerne etwas mehr Volumen am Oberkopf",
sagt die Kundin. „Aha", entgegnet Anja, „Sie möchten
also einen quer gestreckten äußeren Frisurenumriss!"
Die Kundin guckt verunsichert.*

Aufgaben:

1 Erläutern Sie der Kundin den Frisurenumriss, indem Sie die
folgenden Lücken sinnvoll ausfüllen.

Die _____*Umrisslinien*_____ der Frisur haben einen wesent-

lichen Einfluss auf das gesamte Erscheinungsbild des Menschen.

Man unterscheidet die ___*innere*___ und die ___*äußere*___

Umrisslinie der Frisur. Die äußere Umrisslinie bezeichnet die

_____*Begrenzung*_____ nach außen. Sie beeinflusst optisch vor

allem die ___*Form*___ und die Größe des ___*Kopfes*___ .

Bild 1: Umrisslinien

Durch einen quer gestreckten äußeren Umriss wirkt der Kopf ___*breiter*___ , durch einen senkrecht gestreckten

äußeren Umriss dagegen ___*länger*___ . Der innere Frisurenumriss bezeichnet die Grenze zwischen dem Gesicht

und der ___*Frisur*___ . Mit der inneren Umrisslinie lassen sich Form und Größe des ___*Gesichtes*___ optisch

verändern, denn man sieht vom Gesicht nur das, was die Haare _____*freilassen*_____ . Frisiert man das Haar

ganz aus dem Gesicht, wird der innere Umriss ___*weitgehalten*___ und das Gesicht wirkt größer. Frisiert

man die Frisur ins Gesicht, wird der innere Umriss eng gehalten bzw. _____*eingeengt*_____ ; das Gesicht

wirkt ___*kleiner*___ .

> äußere, Begrenzung, breiter, eingeengt, Form, freilassen, Frisur, Gesichtes, innere, kleiner, Kopfes, länger,
> Umrisslinien, weitgehalten

2 Zeichnen Sie die Umrisslinien in die Abbildungen ein.

Bild 2: Gerundeter Verlauf der inneren Umrisslinie

Bild 3: Effilierter Verlauf der inneren Umrisslinie

Merke: Gerundete Konturen wirken weicher als gerade verlaufende Umrisslinien.
Spitze Winkel verstärken den Eindruck der Härte noch!
Je stärker die Kontur graduiert und effiliert ist, desto weicher fällt die Frisur zu Gesicht.

Lernfeld 4

Lernfeld 4:	Name:		
Frisuren empfehlen	Klasse:	Datum:	Blatt-Nr.:
6 Elemente der Frisurengestaltung			

3 Beschreiben Sie den äußeren Frisurenumriss der folgenden Abbildungen.

Äußere Umrisslinien	Beschreibung
①	*Der äußere Frisurenumriss ist eng gehalten, dadurch hat die Frisur wenig Volumen und der Kopf wirkt klein und zierlich.*
②	*Der äußere Frisurenumriss ist weit gehalten, die Frisur ist stark voluminös und der Kopf der Kundin wirkt groß und breit.*
③	*Der äußere Frisurenumriss ist quer (waagerecht) gestreckt, dadurch wirkt die Frisur ausladend breit.*
④	*Der äußere Frisurenumriss ist senkrecht (hoch) gestreckt. Der Kopf der Kundin wirkt durch die lange, schmale Frisur länglich.*

Lernfeld 4

Lernfeld 4:	Name:		
Frisuren empfehlen	Klasse:	Datum:	Blatt-Nr.:
6 Elemente der Frisurengestaltung			

4 Beschreiben Sie den inneren Frisurenumriss der folgenden Abbildungen.

Innere Umrisslinien	Beschreibung
①	*Der innere Frisurenumriss ist eng gehalten (eingeengt), das Gesicht wirkt schmaler, weil die Haare in das Gesicht hinein frisiert sind.*
②	*Dadurch, dass das Haar aus dem Gesicht frisiert wurde, wird der innere Frisuren-umriss weit gehalten. Das Gesicht erscheint größer und flächenhafter.*
③	*Der innere Frisurenumriss ist senkrecht (hoch) gestreckt, weil die Stirn frei und die Seiten zum Gesicht frisiert sind. Das Gesicht erscheint schmal und lang.*
④	*Der innere Frisurenumriss ist quer (waagerecht) gestreckt, weil der Pony den inneren Umriss drückt. Das Gesicht erscheint niedrig und breit.*

5   Suchen Sie in Zeitschriften und Katalogen jeweils ein Foto zu den inneren Frisurenumrissen und kleben Sie sie hier ein.

6   Beschreiben Sie die Umrisslinien kurz und fertigen Sie jeweils eine kleine Zeichnung an!

Weit gehaltener innerer Frisurenumriss	Eingeengter innerer Frisurenumriss
individuelle Lösung	

Zeichnung:	Beschreibung:	Zeichnung:	Beschreibung:

Senkrecht gestreckter innerer Frisurenumriss	Quer gestreckter innerer Frisurenumriss
individuelle Lösung	

Zeichnung:	Beschreibung:	Zeichnung:	Beschreibung:

Lernfeld 4

Weit gehaltener äußerer Frisurenumriss

Eingeengter äußerer Frisurenumriss

individuelle Lösung

Zeichnung: Beschreibung: Zeichnung: Beschreibung:

Senkrecht gestreckter äußerer Frisurenumriss

Quer gestreckter äußerer Frisurenumriss

individuelle Lösung

Zeichnung: Beschreibung: Zeichnung: Beschreibung:

Lernfeld 4

106

Lernfeld 4:	Name:		
Frisuren empfehlen	Klasse:	Datum:	Blatt-Nr.:
6 Elemente der Frisurengestaltung			

7 Tragen Sie die nachfolgenden Begriffe so in die Lücken des Textes ein, dass sich sinnvolle Sätze ergeben (Groß- und Kleinschreibung beachten). Folgende Wörter können Sie verwenden:

> Augenbrauen, Farbe, Form, Führungslinie, gekrümmt, Kammführungslinie, Kämmen, Kämmrichtung, Linien, Lippenform, Stärke, umzuarbeiten

Die Linie als Grundlage in der Friseurpraxis

Haar bildet von Natur aus _____ *Linien* _____.
Die Linien können gerade, _____ *gekrümmt* _____,
kreis- und spiralförmig sein. Durch die Vielzahl der
Haare können Linien zurücktreten und es kann der
Eindruck einer geometrischen _____ *Form* _____
(oder Körper) entstehen. Haar hat unterschiedliche
Längen, weil es unterschiedlich geschnitten wurde
und unterschiedlich wächst. Haar hat eine unterschiedliche _____ *Stärke* _____ und eine natürliche
_____ *Farbe* _____. Diese natürlichen Gegebenheiten zu beachten, zu verstärken oder gar völlig
_____ *umzuarbeiten* _____, ist Aufgabe des Friseurs.
Bei seiner Tätigkeit spielt die Linie eine besondere

Bild 1: Führungslinie

Rolle, z. B. bei der Verschönerung der _____ *Augenbrauen* _____, beim Lidstrich oder bei der _____ *Lippenform* _____.
Auch bei Bewegungen in bestimmte Richtungen, z. B. beim Führen der Schere (_____ *Führungslinie* _____)
bildet die Linie die Grundlage der Frisur.
Beim Abteilen oder _____ *Kämmen* _____ des Haares (_____ *Kammführungslinie* _____) bilden die
Linien ebenfalls die Basis zur Gestaltung einer Frisur.

Der Verlauf von Linien wirkt sich auf jede Frisur aus und bestimmt ihren Charakter. Die Linienführung einer Frisur
wird auch **Kammführungslinie** genannt, weil sie durch die _____ *Kämmrichtung* _____ beim Frisieren bestimmt
wird. Die folgenden Bilder zeigen die Linienführung (Kammführungslinie) einiger Frisuren:

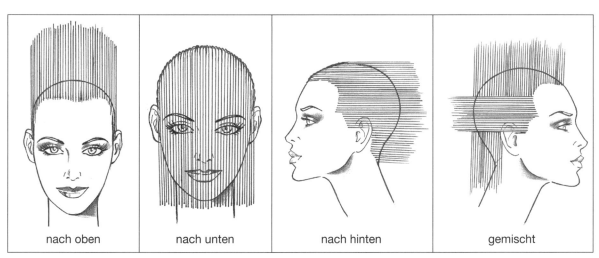

| nach oben | nach unten | nach hinten | gemischt |

Bild 2: Kammführungslinien

Lernfeld 4

Lernfeld 4:	Name:		
Frisuren empfehlen	Klasse:	Datum:	Blatt-Nr.:
6 Elemente der Frisurengestaltung			

8 Welche Arten von Linien gibt es? Fertigen Sie von jeder Linienart eine kleine Skizze an!

Linienart		Aussehen
Gerade Linien	Waagerechte (horizontale) Linie	
	Senkrechte (vertikale) Linie	
	Schräge (diagonale) Linie	
	Geknickte Linie	
Gekrümmte Linien	Bogenlinie	
	Wellenlinie	
	Spirale	
	Schraubenlinie (Schleifenlinie)	
	Kreislinie	
	Sägelinie (Zick-Zack-Linie)	

9 Schneiden Sie Frisuren aus Zeitschriften und Katalogen aus, auf denen man gerade und gekrümmte Linien exakt erkennen kann. Kleben Sie sie auf, zeichnen Sie die Linienverläufe ein und benennen Sie diese!

10 Zeichnen Sie selber Frisuren, die gerade und gekrümmte Linien aufweisen.

Szenario:

Anja hat in der Berufsschule viel über die gestalterischen Formelemente der Frisurener-stellung gelernt. Um das Gelernte in der Praxis anzuwenden, schaut Anja sich die gestalteten Frisuren im Salon an, um zu überprüfen, welche Formelemente angeordnet wurden.

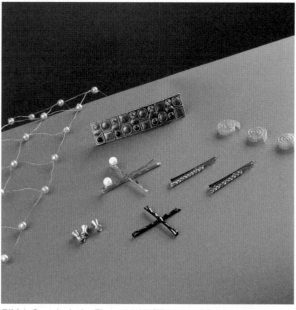

Bild 1: Gestalterische Elemente der Frisurengestaltung

Aufgaben:

1 Beschriften Sie die Formanordnungen der darge-stellten Frisuren, also die Anordnungen einzelner Formelemente, erläutern Sie diese und beschreiben Sie deren Wirkungen.

Bild 2: Symmetrie

Bei einer Symmetrie sind beide Seiten der Frisur spiegelbildlich und deckungsgleich. Die Frisur wirkt dadurch ausgewogen, geordnet und gleichmäßig.

Asymmetrie ist der Gegensatz von Symmetrie, d. h. beide Frisurenhälften sind nicht spiegelbildlich und nicht deckungsgleich. Eine solche Frisur wirkt dyna-misch, reizvoll und spannend. Durch eine interessante und ausgewogene Gestaltung asymmetrischer Frisuren können unvorteilhafte Kopf- und Gesichts-formen kaschiert und ausgeglichen werden.

Bild 3: Asymmetrie

Lernfeld 4

Bei der Reihung sind alle sich wiederholenden Form-elemente in Form und Größe identisch. Die Reihung bewirkt klare und ruhige Effekte in der Frisur, die ausgewogen und harmonisch erscheinen.

Bild 1: *Reihung*

Bei der Steigerung sind alle Formelemente gleich, jedoch in unterschiedlichen Proportionen und Größen. Dies bewirkt eine gleichmäßige Folge von proportiona-len Schritten, die zum Ende hin ab- oder zunehmen. Gesteigerte Bereiche müssen harmonisch aufeinander abgestimmt sein, sonst wirken sie schnell unsortiert und unordentlich.

Bild 2: *Steigerung*

Unter Rhythmus ist die Wiederholung zweier oder mehrerer Formelemente in gleicher Reihenfolge zu verstehen. Die Formelemente können sich in Form und Größe unterscheiden. Dadurch werden bewegte und dynamische Effekte erzielt. Die Frisur wirkt zwar aufgelockert, aber dennoch übersichtlich.

Bild 3: *Rhythmus*

Unter Kontrasten versteht man die Beziehung von Gegensätzen in der Form- und Farbgestaltung, z. B. kurzes – langes Haar, lockiges – glattes Haar, kleine – große Formelemente, helle – dunkle Haarsträhnen, auf – und absteigende Haarpartien. Kontrastreiche Frisuren wirken lebendig und verspielt.

Bild 4: *Kontrast*

Lernfeld 4

Lernfeld 4:	Name:		
Frisuren empfehlen	Klasse:	Datum:	Blatt-Nr.:
7 Ausgleich und Betonung von Kopf- und Gesichtsformen			

1 Teilen Sie die Klasse in vier möglichst gleichgroße Gruppen auf:

Gruppe 1: Kundin mit schmalem Gesicht

Gruppe 2: Kundin mit rundem Gesicht

Gruppe 3: Kundin mit dreieckigem Gesicht

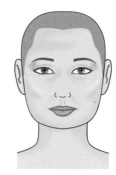

Gruppe 4: Kundin mit rechteckigem Gesicht

Benötigte Arbeitsmaterialien für jede Arbeitsgruppe:

zwei OHP-Folien; einen schwarzen, einen roten und einen grünen Folienstift; typische Requisiten eines Friseursalons.

2 Bearbeiten Sie die folgenden Aufgaben Ihrer Gruppe sorgfältig und gewissenhaft.

Lernfeld 4

Gruppe 1: Kundin mit schmalem Gesicht

Szenario:

Eine Kundin mit schmalem Gesicht wünscht sich eine neue Frisur, die diese Kopf- bzw. Gesichtsform optisch ausgleichen soll.

Aufgaben:

1. Legen Sie zunächst die beiden Folien nacheinander auf die Skizze (s. S. 113) und zeichnen Sie mit einem schwarzen Folienstift den Gesichtsumriss darauf nach.

2. Um der Kundin zu verdeutlichen, welche Frisur ihr aufgrund ihrer Kopf- bzw. Gesichtsform eher nicht zu empfehlen ist, zeichnen Sie mit dem **roten** Folienstift eine Frisur auf die erste Folie, die diese Kopfform optisch **betont**.

3. Lesen Sie dann den Informationskasten auf der nächsten Seite sorgfältig durch.

Bild 1: Damenhaarschnitt

4. Auf die zweite Folie zeichnen Sie mit dem **grünen** Folienstift eine Frisur, die diese Kopfform optisch **ausgleicht**.

5. Beschreiben Sie der Kundin die typischen Kennzeichen ihrer Kopfform.

– *Lange und schmale Kopfform*

– *Betonung des Gesichtovals*

– *Schmale Wangenpartie*

6. Erläutern Sie der Kundin die gestalterischen Ausgleichsmöglichkeiten, die Sie in Ihrem Frisurenvorschlag gezeichnet haben, um diese Kopfform durch die Frisur auszugleichen.

– *Frisuren, die das Gesicht optisch verbreitern, z. B. durch einen quer gestreckten inneren und äußeren Frisurenumriss.*

– *Geeignete Frisuren verkürzen das Gesicht zudem optisch in der Länge.*

7. Stellen Sie der Klasse die Ergebnisse mithilfe der OHP-Folien vor und beschreiben Sie den Mitschülerinnen die Kennzeichen dieser Kopf- bzw. Gesichtsform und die Ausgleichsmöglichkeiten einer Frisur.

8. Übernehmen Sie die Arbeitsergebnisse der anderen Gruppen in Ihren Unterlagen. Zeichnen Sie dazu die Frisuren, die die Kopf- und Gesichtformen optisch ausgleichen, auf die Arbeitsblätter und notieren Sie die Ergebnisse in den dafür vorgesehenen Abschnitten.

Lernfeld 4

Lernfeld 4:	Name:		
Frisuren empfehlen	Klasse:	Datum:	Blatt-Nr.:
7 Ausgleich und Betonung von Kopf- und Gesichtsformen			

Information:

Ein schmales Gesicht wirkt oft etwas lang, daher sollten der Kundin Frisuren empfohlen werden, die das Gesicht optisch leicht verkürzen. Ungeeignet sind daher alle Frisuren, die das Gesicht länger erscheinen lassen, wie z. B. anliegende Seitenpartien oder Frisuren mit einem Mittelscheitel. Abhilfe schaffen hingegen Frisuren, die den Schwerpunkt des Gesichtes in die Breite des Gesichtes verlagern und den inneren Frisurenumriss nicht einengen.

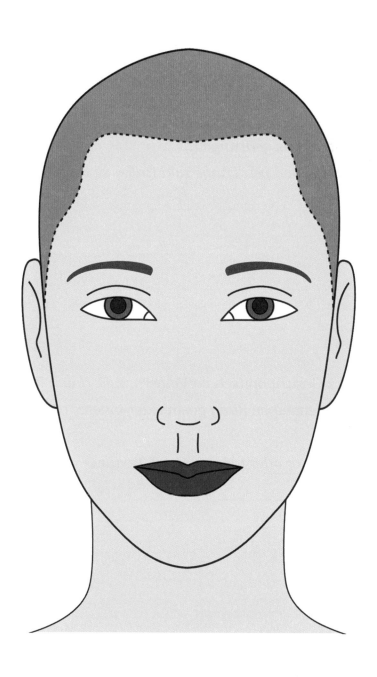

Bild 1: Kundin mit schmalem Gesicht

Lernfeld 4:	Name:		
Frisuren empfehlen	Klasse:	Datum:	Blatt-Nr.:
7 Ausgleich und Betonung von Kopf- und Gesichtsformen			

Gruppe 2: Kundin mit rundem Gesicht

Szenario:

Eine Kundin mit rundem Gesicht wünscht sich eine neue Frisur, die diese Kopf- bzw. Gesichtsform optisch ausgleichen soll.

Aufgaben:

1️⃣ Legen Sie zunächst die Folien beider nacheinander auf die Skizze (s. S. 115) und zeichnen Sie mit einem schwarzen Folienstift den Gesichtsumriss darauf nach.

Bild 1: Kundin mit rundem Gesicht

2️⃣ Um der Kundin zu verdeutlichen, welche Frisur ihr aufgrund ihrer Kopf- bzw. Gesichtsform eher nicht zu empfehlen ist, zeichnen Sie mit dem **roten** Folienstift eine Frisur auf die erste Folie, die diese Kopfform optisch **betont**.

3️⃣ Lesen Sie dann den Informationskasten auf der nächsten Seite sorgfältig durch.

4️⃣ Auf die zweite Folie zeichnen Sie mit dem **grünen** Folienstift eine Frisur, die diese Kopfform optisch **ausgleicht**.

5️⃣ Beschreiben Sie der Kundin die typischen Kennzeichen ihrer Kopfform.

– Das Gesicht wirkt etwas gedrungen.

– Die Gesichtsproportionen von Länge und Breite sind nahezu ausgeglichen.

6️⃣ Erläutern Sie der Kundin die gestalterischen Ausgleichsmöglichkeiten, die Sie in Ihrem Frisurenvorschlag gezeichnet haben, um diese Kopfform durch die Frisur auszugleichen.

– Frisuren, die das Gesicht optisch verlängern, z. B. durch Frisurenteile, die am

Oberkopf Volumen erzeugen (lang gestreckter innerer und äußerer Frisuren-

umriss)

– Frisuren mit aktivierter oder teilaktivierter Textur

7️⃣ Stellen Sie der Klasse die Ergebnisse mithilfe der OHP-Folien vor und beschreiben Sie den Mitschülerinnen die Kennzeichen dieser Kopf- bzw. Gesichtsform und die Ausgleichsmöglichkeiten einer Frisur.

8️⃣ Übernehmen Sie die Arbeitsergebnisse der anderen Gruppen in Ihren Unterlagen. Zeichnen Sie dazu die Frisuren, die die Kopf- und Gesichtsformen optisch ausgleichen, auf die Arbeitsblätter und notieren Sie die Ergebnisse in den dafür vorgesehenen Abschnitten.

Lernfeld 4

Information:

Ein rundes Gesicht wirkt oft etwas gedrungen, daher sollten der Kundin Frisuren empfohlen werden, die das Gesicht optisch leicht verlängern. Unvorteilhaft wären Frisuren, die die runde Form des Gesichtes und ihren äußeren Frisurenumriss betonen, wie z. B. ein halblanger Bob. Der innere und äußere Umriss sollte vielmehr lang gestreckt werden. Um einen Ausgleich zu erzielen, eignen sich auch Frisuren mit einer aktivierten oder teilaktivierten Textur.

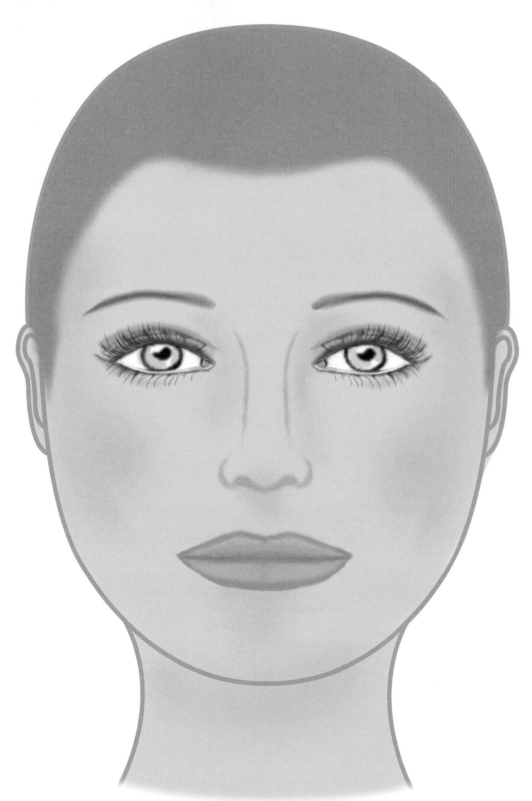

Bild 1: Kundin mit rundem Gesicht

Lernfeld 4:	Name:		
Frisuren empfehlen			
7 Ausgleich und Betonung von Kopf- und Gesichtsformen	Klasse:	Datum:	Blatt-Nr.:

Gruppe 3: Kundin mit dreieckigem Gesicht

> **Szenario:**
>
> *Eine Kundin mit dreieckigem Gesicht wünscht sich eine neue Frisur, die diese Kopf- bzw. Gesichtsform optisch ausgleichen soll.*

Aufgaben:

1. Legen Sie zunächst die beiden Folien nacheinander auf die Skizze (s. S. 117) und zeichnen Sie mit einem schwarzen Folienstift den Gesichtsumriss darauf nach.

2. Um der Kundin zu verdeutlichen, welche Frisur ihr aufgrund ihrer Kopf- bzw. Gesichtsform eher nicht zu empfehlen ist, zeichnen Sie mit dem **roten** Folienstift eine Frisur auf die erste Folie, die diese Kopfform optisch **betont**.

3. Lesen Sie dann den Informationskasten auf der nächsten Seite sorgfältig durch.

Bild 1: Ausgleich der Gesichtsform

4. Auf die zweite Folie zeichnen Sie mit dem **grünen** Folienstift eine Frisur, die diese Kopfform optisch **ausgleicht**.

5. Beschreiben Sie der Kundin die typischen Kennzeichen ihrer Kopfform.

   – Stirnpartie breiter als Kinnpartie

6. Erläutern Sie der Kundin die gestalterischen Ausgleichsmöglichkeiten, die Sie in Ihrem Frisurenvorschlag gezeichnet haben, um diese Kopfform durch die Frisur auszugleichen.

   – Frisuren, die die Kinnpartie optisch verbreitern und die Stirnpartien einengen.

   – Operkopf durch Frisuren mit eng gehaltenem inneren Frisurumriss schmaler erscheinen lassen.

   – Frisuren, die den äußeren Frisurenumriss im Kinnbereich seitlich betonen.

7. Stellen Sie der Klasse die Ergebnisse mithilfe der OHP-Folien vor und beschreiben Sie den Mitschülerinnen die Kennzeichen dieser Kopf- bzw. Gesichtsform und die Ausgleichsmöglichkeiten einer Frisur.

8. Übernehmen Sie die Arbeitsergebnisse der anderen Gruppen in Ihren Unterlagen. Zeichnen Sei dazu die Frisuren, die die Kopf- und Gesichtformen optisch ausgleichen, auf die Arbeitsblätter und notieren Sie die Ergebnisse in den dafür vorgesehenen Abschnitten.

Lernfeld 4

Lernfeld 4:	Name:		
Frisuren empfehlen	Klasse:	Datum:	Blatt-Nr.:
7 Ausgleich und Betonung von Kopf- und Gesichtsformen			

Information:

Ein dreieckiges Gesicht zeichnet sich dadurch aus, dass die Stirnpartie breiter als die Kinnpartie ist. Um diese Kopf- bzw. Gesichtsform auszugleichen, sollte die Kinnpartie daher optisch verbreitert werden. Darum sind alle Frisuren zu empfehlen, die den Oberkopf schmaler erscheinen lassen und den äußeren Frisuren-umriss seitlich betonen.

Bild 1: Kundin mit dreieckigem Gesicht

Lernfeld 4

Lernfeld 4:	Name:		
Frisuren empfehlen	Klasse:	Datum:	Blatt-Nr.:
7 Ausgleich und Betonung von Kopf- und Gesichtsformen			

Gruppe 4: Kundin mit rechteckigem Gesicht

Szenario:

Eine Kundin mit rechteckigem Gesicht wünscht sich eine neue Frisur, die diese Kopf- bzw. Gesichtsform optisch ausgleichen soll.

Bild 1: Frisurenausgleich

Aufgaben:

1. Legen Sie zunächst die beiden Folien nacheinander auf die Skizze (s. S. 119) und zeichnen Sie mit einem schwarzen Folienstift den Gesichtsumriss darauf nach.

2. Um der Kundin zu verdeutlichen, welche Frisur ihr aufgrund ihrer Kopf- bzw. Gesichtsform eher nicht zu empfehlen ist, zeichnen Sie mit dem **roten** Folienstift eine Frisur auf die erste Folie, die diese Kopfform optisch **betont**.

3. Lesen Sie dann den Informationskasten auf der nächsten Seite sorgfältig durch.

4. Auf die zweite Folie zeichnen Sie mit dem **grünen** Folienstift eine Frisur, die diese Kopfform optisch **ausgleicht**.

5. Beschreiben Sie der Kundin die typischen Kennzeichen ihrer Kopfform.

   – Stirn- und Kinnpartie insgesamt sehr breit

   – Länglich, kantiges Gesicht

   _____

   _____

   _____

   _____

6. Erläutern Sie der Kundin die gestalterischen Ausgleichsmöglichkeiten, die Sie in Ihrem Frisurenvorschlag gezeichnet haben, um diese Kopfform durch die Frisur auszugleichen.

   – Frisuren, die das Gesicht optisch verschmälern

   – Innerer und äußerer Frisurenumriss sollten quer gestreckt werden.

   _____

   _____

   _____

   _____

7. Stellen Sie der Klasse die Ergebnisse mithilfe der OHP-Folien vor und beschreiben Sie den Mitschülerinnen die Kennzeichen dieser Kopf- bzw. Gesichtsform und die Ausgleichsmöglichkeiten einer Frisur.

8. Übernehmen Sie die Arbeitsergebnisse der anderen Gruppen in Ihren Unterlagen. Zeichnen Sie dazu die Frisuren, die die Kopf- und Gesichtsformen optisch ausgleichen, auf die Arbeitsblätter und notieren Sie die Ergebnisse in den dafür vorgesehenen Abschnitten.

Lernfeld 4:	Name:		
Frisuren empfehlen	Klasse:	Datum:	Blatt-Nr.:
7 Ausgleich und Betonung von Kopf- und Gesichtsformen			

Information:

Ein rechteckiges Gesicht zeichnet sich dadurch aus, dass die Stirn- und Kinnpartie insgesamt sehr breit sind. Um diese Kopf- bzw. Gesichtsform auszugleichen, sollte das Gesicht daher optisch verschmälert werden. Darum sind alle Frisuren zu empfehlen, die den inneren und äußeren Frisurenumriss in der Breite strecken.

Bild 1: Kundin mit rechteckigem Gesicht

Szenario:

Frau Großer betritt den Salon. Sie hat sehr dünnes, schütteres Haar, mit dem sie sehr unzufrieden ist.

Bild 1: Extensions

Aufgaben:

1 Welche Arten des Haarersatzes können Sie Frau Großer prinzipiell empfehlen?

Haarteile, Perücken, Toupets,

Haarergänzungen (Extensions),

Haartransplantationen usw.

2 Nennen Sie die dargestellten Haarersatzarten und beschreiben Sie deren Aufgaben und Einsatzgebiete.

Bild 2: Haarteile

Haarteile sollen fehlendes Eigenhaar ersetzen oder für modische Akzente sorgen. Sie sind in verschiedenen Haararten und -farben, Größen und Formen erhältlich. Je nach Art des Haarteils können füllige Frisurenformen oder modische Frisurenvariationen gestaltet werden.

Perücken ersetzen fehlendes Eigenhaar (meist) ganz. Um eine natürlich wirkende Perücke fertigen zu können, müssen die natürlichen Gegebenheiten des Eigenhaares berücksichtigt werden.

Bild 3: Perücken

Lernfeld 4

Bild 1: Toupets

Toupets haben die Aufgabe, fehlendes oder schütteres Eigenhaar zu ersetzen und so die natürliche Haarfülle zu erhöhen. So können volumige Frisuren erzielt werden. Um ein natürlich wirkendes Toupets fertigen zu können, müssen die natürlichen Gegebenheiten des Eigenhaares berücksichtigt werden.

Extensions sind sehr vielseitig einsetzbar. Sie dienen sowohl der Haarergänzung und der Haarverdichtung wie auch der Haarverlängerung. Vor allem bei feinem, brüchigem Haar kann eine Haarverdichtung lichte Haarstellen kaschieren und auffüllen. Haarverlängerungen werden eingesetzt, wenn für das Frisurenbild, wie z.B. Hochsteck- oder Langhaarfrisuren, deutlich längeres Haar erforderlich ist.

Bild 2: Extensions

3 Kommt es zu dauerhaftem Haarausfall, z.B. durch Alopecia areata, hilft nur noch eine Haartransplantation, die ein Facharzt durchführt. Beschreiben Sie die zwei Möglichkeiten, die hier dargestellt sind.

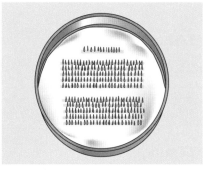

Bild 3: Aufgearbeitete Haarwurzeln nach der Strip-Technik

Bei der Strip-Technik wird ein Streifen (Strip) Haarwurzeln von Hinterhaupthaaren aufgearbeitet und einzeln an der entsprechenden Stelle der Glatze eingesetzt. Dazu werden kleine Schnitte oder Löcher an die entsprechende Stelle gebohrt und vernäht.

Die Follicular Unit Extraction (FUE-Technik) bedeutet, dass Haarfollikel, so genannte Units, an unterschiedlichen Stellen mithilfe eines Bohrers ausgestanzt (extrahiert) werden und im Bereich der Glatze implantiert (eingepflanzt) werden.

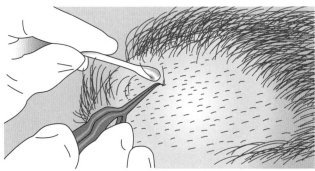

Bild 4: Follicular-Unit-Extraction-Technik

Lernfeld 4

121

Lernfeld 4:	Name:		
Frisuren empfehlen	Klasse:	Datum:	Blatt-Nr.:
8 Haarersatz			

Szenario:

Herr Maas hat heute einen Termin zum Haare schneiden. Während die Gesellin ihm die Haare schneidet, entsteht folgendes Gespräch:

Herr Maas: *Als ich ein junger Mann war, habe ich oft einen Henriquatre-Bart getragen, um meine unvorteilhafte Gesichtsform zu kaschieren.*

Sarah: *Was ist denn ein Henriquatre-Bart? Den Begriff habe ich noch nie gehört.*

Herr Maas: *Der Bart besteht aus einem Oberlippen- und Kinnbart. Das sollten Sie aber als Gesellin wissen! Oder?*

Sarah entschuldigt sich für ihr Unwissen und beschließt, nach Beenden des Haarschnittes im Fachbuch nachzuschlagen, um sich zu informieren.

Aufgaben:

1. Informieren Sie sich, genau wie Sarah, in Ihrem Fachkundebuch über die verschiedenen Bartformen.

2. Zeichnen Sie verschiedene Bartformen in die folgenden Gesichter, benennen Sie sie und beschreiben Sie jeweils die erzielte Wirkung. Sie können zusätzlich auch eigene Kreationen aufzeichnen, betiteln und beschreiben!

3. Überlegen Sie sich, für welche Gesichtsformen die jeweiligen Bartformen besonders geeignet sind, um unvorteilhafte Gesichtsformen auszugleichen oder vorteilhafte Gesichtsformen zu betonen.

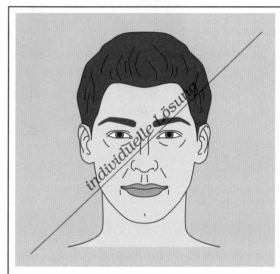

Bild 1: _____

a) Wirkung:

individuelle Lösung

b) Ausgleich:

individuelle Lösung

c) Betonung:

individuelle Lösung

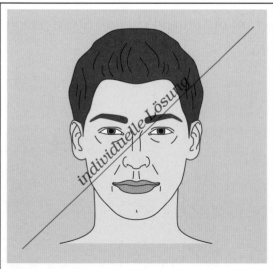

Bild 2: _____

a) Wirkung:

individuelle Lösung

b) Ausgleich:

individuelle Lösung

c) Betonung:

individuelle Lösung

Lernfeld 4

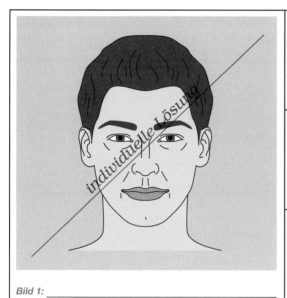

Bild 1: _____

a) Wirkung:

individuelle Lösung

b) Ausgleich:

individuelle Lösung

c) Betonung:

individuelle Lösung

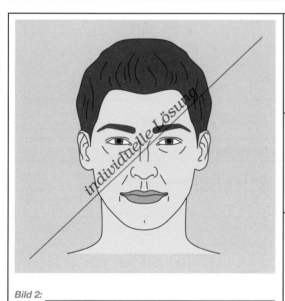

Bild 2: _____

a) Wirkung:

individuelle Lösung

b) Ausgleich:

individuelle Lösung

c) Betonung:

individuelle Lösung

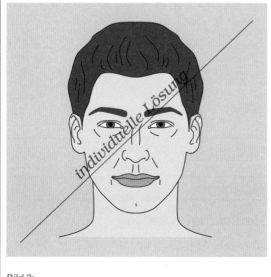

Bild 3: _____

a) Wirkung:

individuelle Lösung

b) Ausgleich:

individuelle Lösung

c) Betonung:

individuelle Lösung

Lernfeld 4

123

Lernfeld 4:
Frisuren empfehlen
10 English: Choosing suitable hairstyles
when considering head and face
shapes and special features

Name:

Class: | Date: | Page No

Situation:

To improve her consulting skills, Anja does the following tasks:

Your tasks:

1 Here are some different head and face shapes, as well as special head and face features:

1.1 Label the head and face shapes and the special head and face features.

1.2 Draw suitable hairstyles and explain their advantages.

1.3 Compare your styling choices with your classmates.

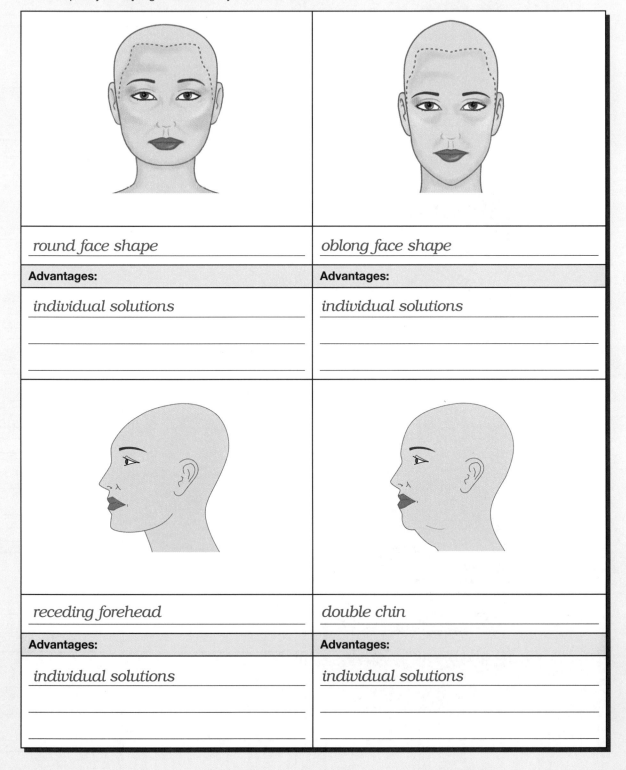

round face shape

Advantages:

individual solutions

oblong face shape

Advantages:

individual solutions

receding forehead

Advantages:

individual solutions

double chin

Advantages:

individual solutions

Lernfeld 4

Lernfeld 4: **Frisuren empfehlen** **10 English: Choosing suitable hairstyles** **when considering head and face** **shapes and special features**	Name:			
	Class:	Date:	Page No	

2 Look at the sketches below:

  2.1 Explain why these hairstyles do not suit the people.

  2.2 What would you recommend? Explain to your neighbour.

Bild 1: flat top

What's wrong?

It's a head with a flat top and hair lying flat in the crown area.

Your recommendation:

For a flat top, I would recommend a hairstyle that lifts the crown, for example with volume on top or short lifting crown hair.

Bild 2: long neck

What's wrong?

This person has a long neck and short hair.

Your recommendation:

I would recommend long hair covering her long neck.

Bild 3: square face shape

What's wrong?

For a square face shape it's not suitable to dress the hair fairly close to the head. The hairstyle underlines the face shape.

Your recommendation:

For a person with a square face shape I would recommend round shaping hairstyles with some wisps of hair on the face and a side-swept fringe.

Bild 4: heart-shaped face

What's wrong?

The hairstyle isn't suitable for a heart-shaped face because it widens the forehead and narrows the jaw and chin line.

Your recommendation:

I would recommend a hairstyle with volume at the sides to widen the cheekbone area and a fringe dressed forwards to narrow the forehead.

Lernfeld 4

125

Lernfeld 5:	Name:		
Haare schneiden	Klasse:	Datum:	Blatt-Nr.:
1 Haarschnitte planen und vorbereiten			

Szenario:

Florian hat heute eine Freundin als Modell für seinen ersten Haarschnitt eingeladen! Er ist schon sehr aufgeregt und will gleich loslegen. „Hast du den Haarschnitt denn überhaupt schon geplant und mit deinem Modell gemeinsam vorbereitet?", fragt seine Gesellin im letzten Moment. Florian ist verunsichert.

Bild 1: Beratungsgespräch

Aufgaben:

1. Überlegen Sie im Klassenplenum, was die Gesellin mit ihrer Frage gemeint hat.

   Welche Behandlungsschritte sollte Florian, bevor er mit dem eigentlichen Haarschnitt beginnt, ausführen?

   Florian sollte vor dem eigentlichen

   Haare schneiden folgende Angaben in einem Behandlungsplan notieren und

   durchführen:

   a) die Personalien des Modells aufnehmen;

   b) den Kundenwunsch mit gezielten Fragen ermitteln;

   c) Haare und Kopfhaut beurteilen;

   d)   Behandlungsberatung durchführen und dem Modell den zu erstellenden

   Haarschnitt und die anschließende Frisur sowie mögliche Stylingvarianten

   beschreiben;

   e) Pflege- und Stylingpräparate empfehlen;

   f) Arbeitsplatz einrichten.

2. Untersuchen Sie den Behandlungsplan zur Haar- und Kopfhautpflege in Ihrem Fachbuch und stellen Sie heraus, welche Inhalte konkret für die Erstellung eines Haarschnittes ergänzt werden müssen.

   Für die Erstellung eines Haarschnittes müssen die in Lernfeld 3 beschriebenen

   Inhalte einer Haar- und Kopfhautbeurteilung beim Gliederungspunkt 3.4

   „Ermittlung sonstiger Gegebenheiten" um folgende Punkte ergänzt werden:

   a) Kopf- und Gesichtsform der Kundin: um die natürliche Kopf- und Gesichtsform

   zu kaschieren oder zu unterstreichen;

   b) Besonderheiten des Kopfes und des Gesichtes: auch diese natürlichen

   Gegebenheiten können mit dem passenden Haarschnitt kaschiert oder

   unterstrichen werden;

   c) Körperform der Kundin: um diese zu betonen oder zu kaschieren;

   d) Kundenstil: das gesamte Erscheinungsbild lässt sich mit einem Haarschnitt

   beeinflussen.

Lernfeld 5

3 Lösen Sie das Kreuzworträtsel, indem Sie die Lösungen in das Raster eintragen.

Kreuzworträtsel:

- 6 senkrecht: K O P F H A U T
- 1 senkrecht: K O N T U R
- 4 waagerecht: K U N D E N S T I L
- 3 senkrecht: N A S E N
- 2 waagerecht: K O P F F O R M
- 5 waagerecht: G E D R E H T E
- zusätzlich senkrecht bei Spalte 1 (unter KUNDE): R I A G N
- Spalte 3: S O M

Senkrecht

1. Wie wird der Übergang von der behaarten Kopfhaut zum Gesicht bezeichnet?

3. Welche Besonderheit des Gesichtes kann mit einem Haarschnitt kaschiert oder unterstrichen werden?

6. Was sollte eine Friseurin vor dem eigentlichen Haare schneiden immer machen? Eine Haar- und ...

Waagerecht

2. Was kann eine Frisur neben der Gesichtsform noch unterstreichen oder kaschieren?

4. Die Einteilung eines Kundentypus in „Konservative Kundin" kennzeichnet was?

5. Es gibt gerade und ... Wirbel.

Bild 1: Kreuzworträtsel

4 Welche Fragen sollte Florian seinem Modell stellen, um den Wunsch der Kundin bezüglich ihres Haarschnittes zu ermitteln?

Zur Ermittlung des Kundenwunsches sollte Florian sein Modell fragen, wie kurz das Haar geschnitten werden soll (Haarlänge) und ob sie besondere Wünsche und Ansprüche an die neue Frisur hat. Für eine lange Zufriedenheit mit der neuen Frisur sollte Florian sein Modell auch fragen, wie viel Zeit sie für das tägliche Styling aufwenden möchte. Außerdem ist die Variationsmöglichkeit einer Frisur ein weiterer wichtiger Punkt, den er erfragen sollte.

Lernfeld 5:	Name:		
Haare schneiden	Klasse:	Datum:	Blatt-Nr.:
1 Haarschnitte planen und vorbereiten			

5 Ordnen Sie die vier grundlegenden Kundenstiltypen der jeweiligen Beschreibung zu, indem Sie sie in der jeweiligen Farbe markieren.

klassisch-
eleganter
Stiltyp

orange

femininer, zeitloser
Look
grün

romantisch-
verspielter
Stiltyp
grün

ist immer
nach der neuesten Mode
gekleidet und setzt selbst
Trends
gelb

natürlicher, legerer Look
blau

ist sehr experimentierfreudig
und liebt wandelbare Stylings
gelb

modisch-
trendiger
Stiltyp
gelb

bevorzugt einen
geringen Zeitaufwand für das
tägliche Styling
blau

liebt Blümchenmuster,
Pastellfarben und weiße
fließende Formen und
Materialien
grün

neigt nicht zu plötzlichen
Veränderungen und
Experimenten
orange

modischer, oft
ungewöhnlicher und
extravaganter Look
gelb

eher konservativer
und zeitloser Look
orange

sportlich-
natürlicher
Stiltyp
blau

bevorzugt klare
Formen und Schnitte
orange

ist wenig experimentier-
freudig und bevorzugt natürliche,
feminine Stylings
grün

trägt gerne
Jeans und Turnschuhe
blau

Szenario:

Heute haben Sie einen ehemaligen Klassenkameraden als Modell zum Haare schneiden. Bei der Frisurenberatung stellen Sie fest, dass der Haarschnitt, den Sie gestern bei einem bekannten DJ in einem Videoclip gesehen haben, Ihrem Bekannten gut stehen würde. Sie überlegen, wie der Sänger ausgesehen hat (Bild 1).

Bild 1: DJ Antoine

Aufgaben:

1. Bevor Sie Ihrem Modell den Haarschnitt beschreiben, sollten Sie sich eine exakte Vorstellung über die einzelnen Arbeitsfelder (Bereiche, Partien) des Kopfes machen. Beschriften Sie dazu zunächst das unten stehende Bild 2 mit den folgenden Begriffen:

Atlasknochen, Deckhaarpartie, Hinterkopf, höchster Punkt, Hutlinie (C-Achse), Linie von Ohr zu Ohr (B-Achse) Nackenpartie, Oberkopfpartie, Scheitel von Stirnmitte zur Nackenmitte (A-Achse), Seitenpartie, Stirnpartie, Vorderkopf, Wirbelpartie.

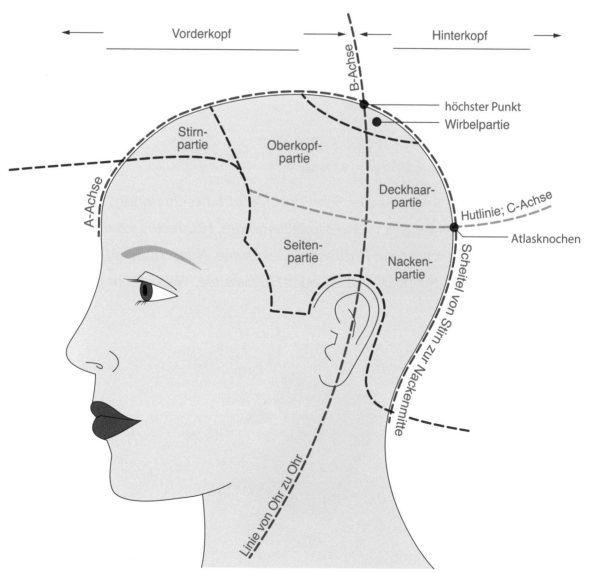

Bild 2: Einteilung des Kopfes in Arbeitsfelder

	Lernfeld 5:	Name:		
	Haare schneiden	Klasse:	Datum:	Blatt-Nr.:
	1 Haarschnitte planen und vorbereiten			

2 Da Sie Ihrem Modell das Video im Salon nicht zeigen können, müssen Sie den Haarschnitt des Sängers aus Ihrem Gedächtnis heraus beschreiben (Bild 1, Seite 130).

Nackenpartie:

nicht eindeutig zu sehen, vermutlich gestuft, graduiert (Fasson), Haarlänge beträgt wenige Zentimeter

Seitenpartie:

lange, spitze Kotelette, über dem Ohr angestuft, Haarlänge ca. 1–2 cm

Deckhaar- und Oberkopfpartie:

nicht eindeutig zu sehen, vermutlich gestuft, graduiert (Fasson), Haarlänge nimmt bis zur Oberkopfpartie immer mehr zu, Haarlänge am Oberkopf 3–4 cm

Stirnpartie

Haarlänge nimmt vom Oberkopf zu, Stirnfransen ca. 5 cm lang, leicht nach rechts frisiert

3 Bevor Sie nun mit dem Haarschnitt beginnen, richten Sie Ihren Arbeitsplatz mit allen notwendigen, gereinigten und desinfizierten Arbeits- und Hilfsmitteln ein. Welche sind das (Bild 1)?

Behandlungsplan inklusive der Schnittgrafik und -beschreibung, Haarschneide-schere, verschiedene Effilier- und Modelliergeräte, Haarschneidemaschine, Rasiermesser, verschiedene Haarschneidekämme, Nackenpinsel, Handspiegel, Schneideumhang, Schneidekragen oder Halskrause, Watte, Schneidehocker

Bild 1: Arbeits- und Hilfsmittel für einen Haarschnitt

Lernfeld 5

Lernfeld 5:	Name:		
Haare schneiden	Klasse:	Datum:	Blatt-Nr.:
2 Arbeits- und Hilfsmittel			

Szenario:

Ein junger Kunde ist zum Haarschnitt angemeldet. Er wünscht einen modischen Haarschnitt. Insbesondere die Nackenpartie soll kurz angeschnitten werden mit einem Übergang zum Volumen im Deckhaarbereich. Bei der Haardiagnose stellen Sie ein sehr dichtes und schweres Haar fest.

Aufgaben:

1 Welche Geräte werden Sie zur Erstellung des Haarschnittes benutzen und warum?

– *Haarschneidekamm: zum Abteilen und Durchkämmen beim Schneiden*

– *Haarschneideschere: für die Basis des Haarschnitts*

– *Modellierschere: zum Ausdünnen und Übergang schneiden*

– *Haarschneidemaschine: zum Konturschneiden, Ausrasieren der Konturen*

2 Beschriften Sie die folgende Abbildung einer Haarschneideschere.

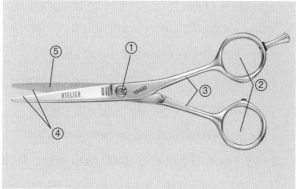

(1) = *Schloss oder Schraube*

(2) = *Augen*

(3) = *Holme*

(4) = *Scherenblätter*

(5) = *Schneide*

Bild 1: Bestandteile einer Haarschneideschere

3 Erläutern Sie dem Kunden die dargestellten Qualitätsmerkmale einer hochwertigen Haarschneideschere!

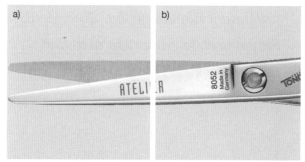

Bild 2: a) Schneide; b) Schraubsystem

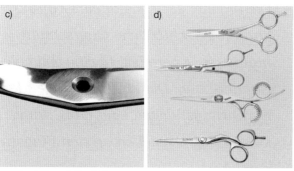

Bild 2: c) Gangstelle; d) Form

Es gibt vier Qualitätismerkmale einer Schere:

a) die Schneide: gezahnte und un-gezahnte Schneide, Effilierschere

b) das Schraubsystem: weder eine zu fest noch eine zu locker gestellte Schraube tut dem Haar gut

c) die Gangstelle: Eine gute Gang-stelle muss sicherstellen, dass die Scherenblätter nicht ineinander kippen

d) die Form: Classic-, Chiro-, Off-set und Ergo-Form.

Lernfeld 5:	Name:		
Haare schneiden	Klasse:	Datum:	Blatt-Nr.:
2 Arbeits- und Hilfsmittel			

Bild 1: a) gezahnte Schneide; b) ungezahnte Schneide

*Die Scherenspitze kann unterschiedlich geformt sein. Es gibt die **gerundete Scherenspitze** (a) und die **Kugelkontur-Spitze** (b). Die gerundete Scherenspitze verringert die Verletzungsgefahr z. B. beim Konturenschnitt. Bei der Kugelkontur-Spitze wird die Verletzungsgefahr noch mehr gemindert.*

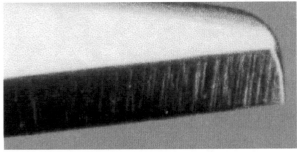

Bild 2: Scherenform

Bei den Haarschneidescheren gibt es eine Vielzahl unterschiedlicher Formen. Die drei Grundformen sind die klassische Form (Bild 2), die Chiroform, die Ergoform und die Off-set-Form. Die gebräuchlichste Scherengröße reicht von 5 bis 6,5 Zoll, das sind 12,7 bis 16,5 cm. Die Auswahl der Scherengröße richtet sich in erster Linie nach der Handgröße der Benutzerin, zweitrangig nach dem Einsatzgebiet. Eine ideale Scherengröße entspricht also der ausgestreckten Hand der Friseurin.

Bild 3: Scherengröße

Der ergonomisch gestaltete Griffring kann unterschiedliche Querschnitte aufweisen. Er ermöglicht eine optimale Handhabung. Die kraftübertragenden Berührungsflächen sind groß, damit keine Eindruckstellen an den Fingern entstehen.

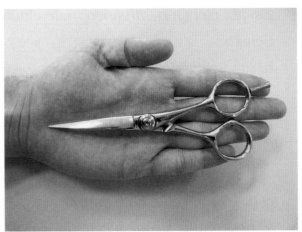

Bild 4: Ergonomischer Griff

Lernfeld 5:	Name:		
Haare schneiden	Klasse:	Datum:	Blatt-Nr.:
2 Arbeits- und Hilfsmittel			

4 Beschriften Sie die dargestellten Scherenformen anhand der Abbildungen und Beschreibungen.

Scherenform	Beschreibung
Bild 1: __Klassische Scherenform__	Bei dieser Scherenform sind die Holme und Scherenblätter gleich lang. Die Augen bilden die direkte Verlängerung der Holme. Sie eignet sich für alle Schneideanwendungen.
Bild 2: __Chiroform__	Die Augen dieser Schere liegen außen an den Holmen. Gleichzeitig ist der Abstand von der Schraube zu den Augen länger als zu den Scherenblättern. Dadurch wird der Kraftaufwand beim Schneiden verringert und die Daumenmuskulatur entlastet, da die Schließpunkte weiter auseinander liegen.
Bild 3: __Ergoform__	Diese Schere berücksichtigt die natürlichen Bewegungsabläufe der Hand beim Schneiden. Der Daumenring ist etwas nach vorne versetzt, was eine angenehmerer Handhaltung sowie ein Eindrehen des Handgelenkes beim Schneiden erübrigt. Außerdem ist am Ringfingerholm eine Erhebung für die Führung des Mittel- und Zeigefingers angebracht, sodass die Hand erheblich ruhiger gehalten werden kann.
Bild 1: __Off-set-Form__	Bei dieser Schere ist der Daumenholm um ein Auge kürzer als der andere Holm. Der Weg des Daumens wird dadurch verkürzt und die Schneidebewegungen schneller.

5 Wie groß sollte die Haarschneideschere einer Friseurin sein (Bild 5)?

Die Größe der Haarschneideschere richtet sich in erster Linie nach der Handgröße (sie sollte nicht länger sein als die ausgestreckte Hand der Friseurin) und weiterhin nach dem Einsatzgebiet.

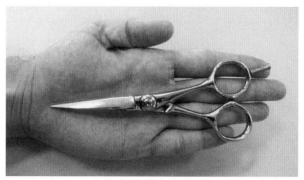

Bild 5: Die richtige Größe einer Haarschneideschere

6 Haarschneidekämme sind neben der Schere die wichtigsten Werkzeuge für einen Haarschnitt. Zeichnen Sie die beiden Kämme entsprechend der Beschreibungen in die Übersicht.

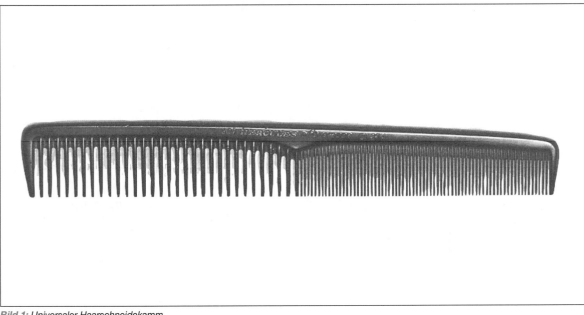

Bild 1: Universaler Haarschneidekamm

Der Haarschneidekamm ist am feinen und am grobgezahnten Teil fast gleich dick und relativ stabil, um eine gerade Linie beim Schneiden über den Kamm zu gewährleisten. Er ist universell für fast alle Haarschnitte einsetzbar.

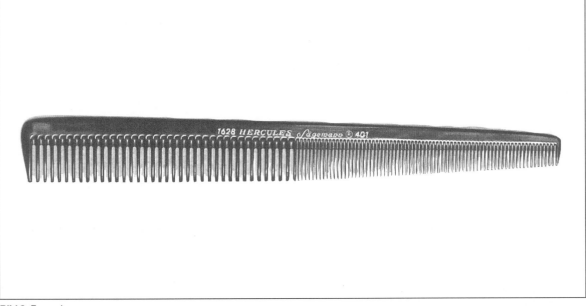

Bild 2: Fassonkamm

Der Fassonkamm ist ein spezieller Haarschneidekamm. Er ist sehr biegsam. Dadurch ist gewährleistet, dass er an den Konturen eng an die Haut angelegt werden kann und so die Haare sehr dicht an der Kopfhaut geschnitten werden können. Aus diesem Grund ist auch sein feinzahniges Ende extrem schmal.

Lernfeld 5

7 Notieren Sie jeweils unter den Abbildungen, welche Schneidewerkzeuge dargestellt sind.

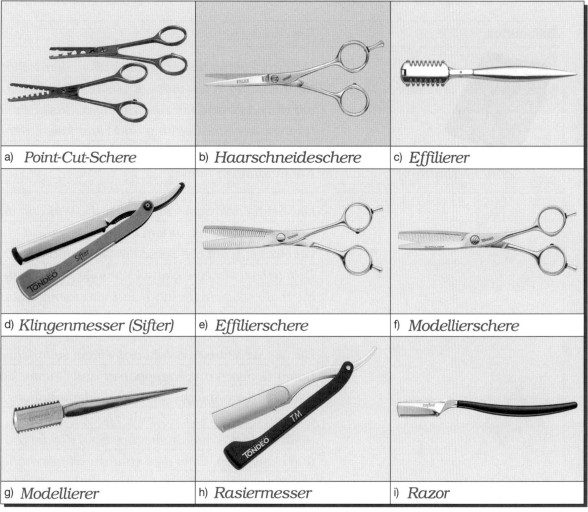

a) *Point-Cut-Schere* b) *Haarschneideschere* c) *Effilierer*

d) *Klingenmesser (Sifter)* e) *Effilierschere* f) *Modellierschere*

g) *Modellierer* h) *Rasiermesser* i) *Razor*

Bild 1: Schneidewerkzeuge

8 Wofür werden elektrische Haarschneidemaschinen im Friseursalon benutzt?

Elektrische Haarschneidemaschinen benutzt
man im Friseursalon z. B. für:
- *Das Ausrasieren der Konturen;*
- *Das Konturenschneiden;*
- *Das Übergangsschneiden mit dem Kamm;*
- *Maschinenhaarschnitte mit einem Aufsatz-*
  kamm.

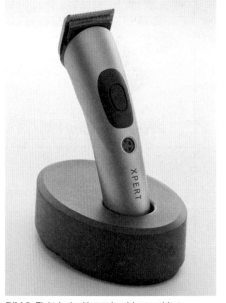

Bild 2: Elektrische Haarschneidemaschinen

Lernfeld 5

EUROPA LEHRMITTEL

Lernfeld 5:

Haare schneiden

2 Arbeits- und Hilfsmittel

Name:

Klasse: | Datum: | Blatt-Nr.:

9 Neben Haarschneideschere und Schneidekamm benötig die Friseurin eine Vielzahl an Hilfsmitteln. Welche sind das? Beschriften Sie die unten stehenden Bilder und beschreiben Sie kurz deren Einsatzmöglichkeiten usw.

Hilfsmittel	Beschreibung
Bild 1: Schneideumhang	*Der Schneideumhang dient vor allem dem Schutz der Kleidung der Kundin. Er sollte möglichst eng am Hals anliegen, um zu verhindern, dass Schnitthaare zwischen Kleidung und Haut fallen, denn dies kann zu schmerzhaften Verletzungen und Entzündungen führen.*
Bild 2: Schneidekragen	*Der Schneidekragen unterstützt die Wirkung des Schneideumhangs, indem er ihn mit seinem Gewicht eng auf die Schultern der Kundin legt. Zudem bietet er eine glatte Unterlage für Schnitte, die mehr als schulterlang sind und kompakt auf eine Grundlinie geschnitten werden.*
Bild 3: Nackenkrause	*Die Nackenkrause besteht aus einem sehr dehnbaren Gemisch aus Krepppapier und Gummi. Sie wird vor dem Anlegen des Schneideumhanges eng um den Hals des Kunden gelegt. Sie verhindert, dass Schnitthaare zwischen Kleidung und Haut fallen, denn dies kann zu schmerzhaften Verletzungen und Entzündungen führen.*
Bild 4: Watte	*Watte wird hauptsächlich bei der Ausführung von Herrenhaarschnitten in die Ohren des Kunden gesteckt, um ein Eindringen der Haare zu verhindern.*
Bild 5: Nackenpinsel	*Mit dem Nackenpinsel lassen sich feine Schnitthaare von der Haut des Kunden streichen, um ein schmerzhaftes Eindringen in die Haut zu vermeiden.*
Bild 6: Schneidehocker	*Der Schneidehocker ist höhenverstellbar und die Sitzfläche ist ergonomisch geformt. Er ermöglicht der Friseurin, den Haarschnitt in Augenhöhe zu schneiden, ohne dass sie sich bücken muss. Ergänzt werden kann die Wirkung des Schneidehockers durch höhenverstellbare Bedienstühle.*

Szenario:

Frau Heisig hat einen Termin zum Haareschneiden. Bevor Anja mit dem Haarschnitt beginnt, möchte sie das Haar der Kundin waschen. „Warum muss mein Haar vor dem Schneiden gewaschen werden? Ich habe es gestern bereits gewaschen!", erklärt die Kundin.

Bild 1: Anja beim Empfang der Kundin

Aufgaben:

1 Erläutern Sie der Kundin, warum das Haar vor dem Schneiden gewaschen werden sollte.

– *Das Haar lässt sich dann leichter kämmen.*

– *Das Haar liegt flach an der Kopfhaut an, so lässt sich eine Grundlänge exakt festlegen.*

2 Beschreiben Sie Frau Heisig die Grundtechniken des Haarschnittes, indem Sie die Lücken im folgenden Text sinnvoll mit den unten angegebenen Wörtern füllen.

Beim Stumpfschneiden werden ___*alle*___ **Haare erfasst und auf eine Länge gekürzt.**

Bild 2: Stumpfschnitt

Man unterscheidet:

a) Horizontalschnitt (___*Querschnitt*___ **)**

Beim Horizontalschnitt werden die Haare ___*quer*___ zur

___*Fallrichtung*___ geschnitten. Dadurch wird ein

___*stumpfer Fall*___ der Haare erzielt, der für die

vier ___*Basishaarschnitte*___ und deren Variationen

geeignet ist. Der Querschnitt kann z.B. ___*mit*___ ___*der*___

___*Haarschneideschere*___ oder mithilfe der ___*Haar-*___

___*schneidemaschine*___ (Konturschneiden) verwirklicht werden.

Bild 3: Horizontalschnitt

b) Vertikalschnitt (___*Längsschnitt*___ **)**

Beim Vertikalschnitt werden die Haare ___*längs*___ zur

___*Fallrichtung*___ geschnitten. Dadurch wird eine ___*Stufung*___

der Haarlängen ermöglicht, die für die ___*graduierte*___

Stufung über den gesamten Kopf und der ___*erweiternd*___

verlaufende Stufung geeignet ist. Der Längsschnitt kann durch drei

verschiedene Arten umgesetzt werden: z.B. beim Schneiden der

Haare über ___*den*___ ___*Fingern*___ , dem Schneiden der Haare über dem ___*Kamm*___

oder dem Schneiden der ___*Kontur*___ angewandt werden.

Bild 4: Vertikalschnitt

---

alle, Basishaarschnitte, den Fingern, erweiternd, Fallrichtung, Fallrichtung, graduierte, Haarschneidemaschine, Kamm, Kontur, längs, Längsschnitt, mit der Haarschneideschere, quer, Querschnitt, Stufung, stumpfer Fall.

Lernfeld 5

	Lernfeld 5:	Name:			
	Haare schneiden	Klasse:	Datum:	Blatt-Nr.:	
	3 Grundtechniken des Haareschneidens				

3 Lesen Sie die kurzen Textabschnitte in der Tabelle aufmerksam durch und ordnen Sie jeweils zwei davon einer der Effiliertechniken zu! Malen Sie dazu die zusammengehörenden Kästchen jeweils in einer Farbe an. (Längeneffilation mit rot, Spitzeneffilation mit grün, Stützeffilation mit blau).

Name der Technik	Vorgehensweise	Wirkung
Längeneffilation *rot*	Die Haare werden in Ansatznähe ausgedünnt. Die Haarfülle wird verringert. *blau*	Die ausgedünnten Bereiche fallen mit mehr Volumen, obwohl die Haarmenge abgenommen hat. *blau*
Stützeffilation *blau*	Die Haarspitzen werden gezielt ausgedünnt. *grün*	Die ausgedünnten Bereiche fallen schmaler, die Haarfülle ist verringert. *rot*
Spitzeneffilation *grün*	Einzelne Haarsträhnen werden ausgedünnt, ohne die Haarlänge zu verändern. *rot*	Die ausgedünnten Bereiche fallen weicher, weniger kantig und leicht strähnig. *grün*

4 In den folgenden Abbildungen werden die drei Effiliertechniken Längen-, Stütz- und Spitzeneffilation mit unterschiedlichen Werkzeugen gezeigt. Notieren Sie jeweils unter den Abbildungen, welche Effiliertechnik verwendet wurde.

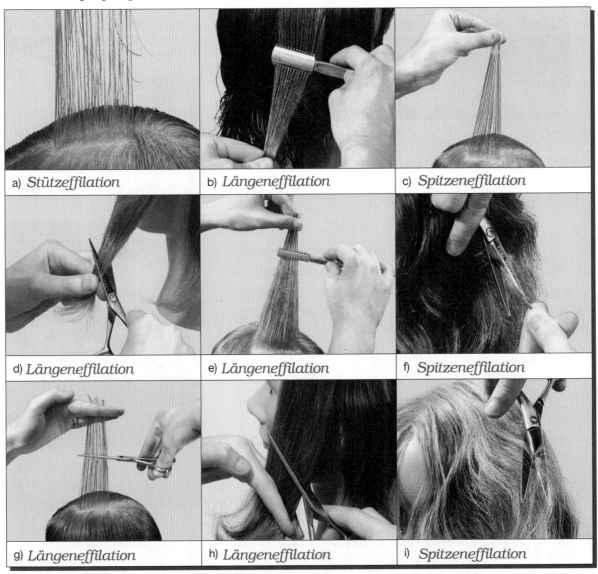

a) *Stützeffilation* b) *Längeneffilation* c) *Spitzeneffilation*

d) *Längeneffilation* e) *Längeneffilation* f) *Spitzeneffilation*

g) *Längeneffilation* h) *Längeneffilation* i) *Spitzeneffilation*

Bild 1: Effiliertechniken

Lernfeld 5

Lernfeld 5:	Name:		
Haare schneiden	Klasse:	Datum:	Blatt-Nr.:
3 Grundtechniken des Haareschneidens			

5 Beschreiben Sie kurz die Technik des Pointen (Bild 1).

Beim Pointen schneidet man auffällige Lücken in den Haaransatz, die Längen und die Spitzen. Diese müssen gezielt und punktuell gesetzt werden. Dies kann man mit der Haarschneideschere oder der Point-Cut-Schere erzielen.

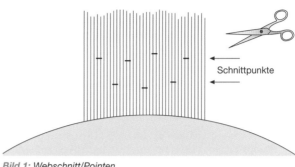

Bild 1: Webschnitt/Pointen

6 Erläutern Sie der Kundin kurz die Technik des Slicens (Bild 2).

Beim Slicen lässt man die geöffnete Schere durch die Oberfläche der Frisur gleiten. Dabei ist es ganz wichtig, den natürlichen Fall des Haares zu berücksichtigen. Durch das Slicen bekommt man eine stärkere Bewegung in die Frisur. Dafür benutzt man eine Schere mit ungezahnten Schneiden.

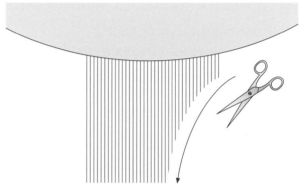

Bild 2: Slicen

7 Wann werden Passes „über Kamm und Schere" geschnitten?

Diese Methode, bei der das Passee mit dem Kamm fixiert wird, eignet sich vor allem beim Schneiden von Übergängen. Eine ruhige und harmonisch abhebende Kammführung ist erforderlich, um einen gleichmäßigen Übergang zu schneiden. Die Schere wird dabei parallel zum Kamm geführt, so werden sichtbare Unregelmäßigkeiten im Schnittbild vermieden.

8 Was sollte eine Friseurin beim Konturenschneiden beachten (Bild 3)?

Für Konturenschnitte und die Bestimmung der Grundlinien im Seiten- und Nackenbereich wird das Passee glatt auf der Haut fixiert und dann gekürzt. Vorsichtig sollte die Friseurin das Ohr beim Schneiden der Kontur mit der Hand, die den Kamm hält, zurückhalten, um Schnittverletzungen zu vermeiden.

Bild 3: Konturenschneiden auf der Haut

Lernfeld 5

139

Lernfeld 5:	Name:			
Haare schneiden	Klasse:	Datum:	Blatt-Nr.:
4 Basisformen des Haarschnitts				

Szenario:

Sarah, die Gesellin im Friseursalon „Haargenau", behauptet: „Ich beherrsche alle Haarschnitte!"

Aufgaben:

1. Was halten Sie von Sarahs Aussage? Diskutieren Sie die dargestellte Situation in der Klasse!

2. Informieren Sie sich mithilfe Ihres Fachkundebuches über die Basisformen des Haarschnittes.

3. Teilen Sie die Klasse in vier möglichst gleich große Gruppen auf. Dabei sollte jede Gruppe nicht aus mehr als fünf Schülerinnen bestehen, sonst muss die Gruppe erneut geteilt werden!

4. Füllen Sie gemeinsam mit Ihren Gruppenmitgliedern den folgenden Auswertungsbogen auf einer OHP-Folie aus, um ihn anschließend der Klasse zu präsentieren.

Auswertungsbogen

Namen des Basishaarschnittes:

Lösung je nach Gruppenzugehörigkeit

Struktur (Haarlängenanordnung) (bitte in Bild 1 einzeichnen):

Lösung je nach Gruppen-zugehörigkeit

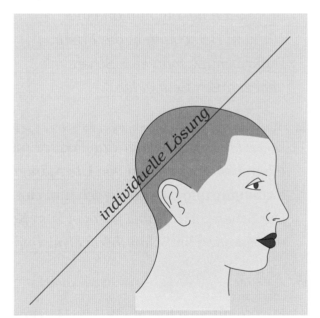

Textur (Haaroberfläche):

Lösung je nach Gruppen-zugehörigkeit

Bild 1: Struktur (Haarlängenanordnung)

Geometrische Form (Frisurenumriss):

Lösung je nach Gruppenzugehörigkeit

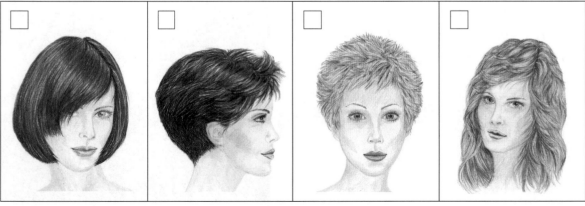

Bild 2: Geometrische Form (Umriss)

Lernfeld 5

5 Fertigen Sie ein Modell der Basisform des Haarschnitts am Styroporkopf an. Benutzen Sie hierzu Pfeifenreiniger, um die Längenverteilung deutlich darzustellen. Um die richtige Länge oder Struktur für den von Ihnen bearbeiteten Haarschnitt zu gestalten, müssen Sie diese dafür tiefer oder weniger tief in den Styroporkopf hinein stecken!

Später stellt jede Arbeitsgruppe den bearbeiteten Haarschnitt der Klasse vor.

● Nehmen Sie den Styroporkopf zur Hand.

● Schauen Sie sich die Abbildungen zu dem Basishaarschnitt im Fachkundebuch genau an!

● Die bereitgelegten Pfeifenreiniger sollen Haarsträhnen simulieren, die Sie nun in gleichmäßigen Abständen entlang der A-Achse in den Styroporkopf stecken.

● Stecken Sie dem Haarschnitt bzw. der Abbildung entsprechend die Pfeifenreiniger tiefer oder weniger tief in den Kopf, um so unterschiedliche Haarlängen darzustellen.

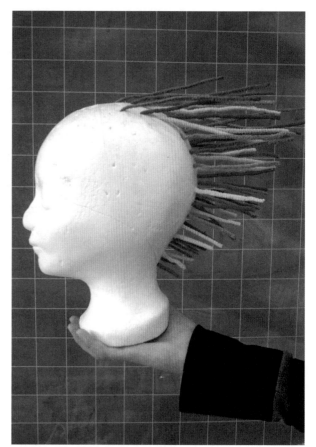

Bild 1: Modell eines Basishaarschnittes

6 Präsentieren Sie nun der Klasse Ihre Ergebnisse! Gehen Sie dabei folgendermaßen vor:

● Legen Sie die von Ihnen ausgefüllte Folie auf einen Overheadprojektor auf und demonstrieren Sie Ihre Ergebnisse zudem mithilfe des Styroporkopfes.

● Präsentieren Sie die Struktur (Längenanordnung) des Haares, indem Sie die Pfeifenreiniger, wie in Bild 2 dargestellt, aufrichten.

● Dann zeigen Sie der Klasse die Textur (Haaroberfläche) des Haarschnittes, in dem Sie die Pfeifenreiniger nach unten biegen („Haarsträhnen nach unten kämmen"). Beschreiben Sie der Klasse, um welche Textur es sich handelt!

● Demonstrieren Sie der Klasse die geometrische Form des entstandenen Haarschnittes (Umriss).

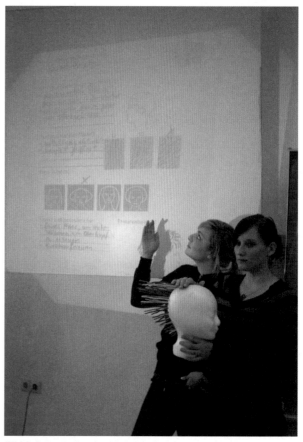

Bild 2: Präsentation der Arbeitsergebnisse

Lernfeld 5

7 Vervollständigen Sie mithilfe Ihrer gesammelten Aufzeichnungen aus den Gruppenarbeiten die folgende Tabelle.

Auswertungsbogen			
Basisform des Haarschnittes			
Haarschnitt	*Kompakte Form*	*Graduierung*	*Uniforme Stufung*	*Erweiternd verlaufende Stufung*
Struktur	*– Kürzestes Haar im Nacken* *– Längstes am Oberkopf* *– Alle Haarenden treffen sich auf Designlinie*	*– Kürzestes Haar im Nacken* *– Gleichmäßiger Längenanstieg bis zur Hutlinie*	*– Gleichmäßige Längenanordnung um die gesamte Kopfrundung*	*– Vom kürzesten Haar im inneren Bereich gleichmäßige Längenzunahme zur Kontur*
Textur	*Nicht aktiviert*	*Teilweise aktiviert*	*Vollständig aktiviert*	*Vollständig aktiviert*
Verteilung	*Natürlicher Fall*	*Rechtwinklig*	*Rechtwinklig*	*Verzogen oder rechtwinklig*
Projektion	*0°*	*1°–89°*	*90°*	*91°–135°*
Fingerhaltung	*Parallel zur Abteilung*	*Parallel zur Abteilung*	*Entsprechend der Kopfrundung*	*Parallel zur Abteilung (muss nicht immer sein)*
Schnitt	*Parallel zur Fingerhaltung*	*Parallel zur Fingerhaltung*	*Parallel zur Fingerhaltung*	*Parallel zur Fingerhaltung*
Geometrische Form (Umriss)	*Viereck, Rechteck*	*Dreieck*	*Kreis*	*Oval*

8 Wiederholen Sie die wichtigsten Fachbegriffe zum Lernfeld „Haare schneiden" und bestimmen Sie gemeinsam (oder alleine) die folgenden Begriffe. Schreiben Sie dazu die Definitionen rechts neben die entsprechenden Bilder.

Horizontalschnitt (Querschnitt)	Horizontalschnitt (Querschnitt)	Vertikalschnitt (Längsschnitt)	Vertikalschnitt (Längsschnitt)
	... ist eine Variante des Stumpfschneidens. Dazu werden die Haare waagerecht zur Fallrichtung geschnitten und ein stumpfer Fall der Haare erzielt, der für die vier Basishaarschnitte und deren Variationen geeignet ist.		*... ist eine Variante des Stumpfschneidens. Dazu werden die Haare senkrecht zur Fallrichtung geschnitten und eine Stufung der Haare ermöglicht.*
Stumpfschneiden	**Stumpfschneiden**	**Pointen**	**Pointen**
	... ist eine Schneidetechnik, bei der alle Haare eines Passees erfasst und auf eine einheitliche Länge gekürzt werden. Die Haarfülle bleibt erhalten, die harte Schnittkante lässt die Haarsträhne stumpf und breit auseinander fallen.		*... ist eine Schneidetechnik, die auffällige Lücken in den Haaransatz, die Längen und die Spitzen bringt. Diese müssen gezielt und punktuell mit der Haarschneideschere oder der Point-Cut-Schere gesetzt werden.*
Slicen	**Slicen**	**Längeneffilation**	**Längeneffilation**
	... ist eine Schneidetechnik, bei der man die geöffnete, ungezahnte Schere durch die Oberfläche der Frisur gleiten lässt. Wichtig ist dabei, den natürlichen Fall der Haare zu berücksichtigen. Durch das Slicen bekommt man eine lebendige Bewegung in die Frisur.		*... ist eine Schneidetechnik, bei der nur eine bestimmte Menge Haar (ca. 30%) in den Längen herausgeschnitten und ausgedünnt wird, ohne die Haarlänge zu verändern. Die ausgedünnten Bereiche fallen schmaler, die Haarfülle wird verringert.*

Schnittpunkte

Stützeffilation (Wurzeleffilation)	Stützeffilation (Wurzeleffilation)	Spitzeneffilation	Spitzeneffilation
	… ist eine Schneidetechnik, bei der nur eine bestimmte Menge Haar (ca. 30 %) in der Nähe des Ansatzes herausgeschnitten wird, um mithilfe der kurzen Stützhaare Stand und Volumen in die Frisur zu bringen und das Toupieren zu erleichtern.		*… ist eine Schneidetechnik, bei der nur eine bestimmte Menge Haar (ca. 30 %) im oberen Drittel der Abteilung herausgeschnitten und aus-gedünnt wird. Dadurch ent-stehen ungleichmäßige, fransige Spitzeneffekte und die Haarfülle wird verringert.*
Stechschnitt	**Stechschnitt**	**Modellieren**	**Modellieren**
	… bezeichnet eine Schnei-detechnik, bei der die un-gezahnte Schere in unter-schiedlich großem Winkel von oben in das Passee geführt wird. Je nach Aus-führung entstehen dabei mehr oder weniger stark ausgefranste Spitzen.		*.. ist eine Schneidetechnik, bei der die Haarfülle ver-ringert wird, indem ca. 50% des Haarpasses herausgeschnitten werden.*
Führungslinie, gerade	**Führungslinie, gerade**	**Führungslinie, gebogen**	**Führungslinie, gebogen**
	Führungslinien verbinden die einzelnen Grundlinien miteinander, mit Ausnahme der Konturen. Sie verlaufen parallel zur A- und B-Achse. Gerade Führungslinien sind der Kopfform nicht ange-passt und lassen das Haar an der Kopfrundung länger.		*Führungslinien verbinden die einzelnen Grundlinien miteinander, mit Ausnahme der Konturen. Die Führungs-linie verläuft parallel zur A- und B-Achse. Gebogene Führungslinien sind der Kopfform angepasst und damit leicht gerundet.*
Stationäre Grundlinie	**Stationäre Grundlinie**	**Mobile Grundlinie**	**Mobile Grundlinie**
	… ist eine konstante, stabile Leitlänge einer Partie, auf die alle anderen Abteilungen innerhalb der Partie hin-gezogen werden. Dadurch entsteht eine Längenzu-nahme von der Seitenlänge her.		*… ist variabel und wandert mit den einzelnen Abteil-ungen mit. Sie kann für eine einheitliche Länge innerhalb der Haarpartie genutzt werden, aber auch für eine Längenzu- oder abnahme.*

Lernfeld 5

Schneidewinkel	**Schneidewinkel**	**Abteillinie, konkav**	**Abteillinie, konkav**
(Abbildung)	*… ergeben sich aus der Richtung, in der das abgeteilte Passee gekämmt oder gehalten wird, um es zu schneiden. Je größer der Schneidewinkel ist (-30° bis >90°), umso größer sind die Längenunterschiede und die Stufung innerhalb des Passees und der Partie.*	(Abbildung)	*Die Abteillinien bestimmen die Unterteilung der einzelnen Partien des Kopfes. Konkave Abteillinien verlaufen bogenförmig mit einer Innenwölbung (die Haare werden zu den Seiten länger).*
Abteillinie, konvex	**Abteillinie, konvex**	**Abteillinie, horizontal**	**Abteillinie, horizontal**
(Abbildung)	*Die Abteillinien bestimmen die Unterteilung der einzelnen Partien des Kopfes. Konvexe Abteillinien verlaufen bogen-förmig mit einer Außenwölbung (die Haare werden zu den Seiten kürzer).*	(Abbildung)	*Horizontale Abteillinien verlaufen waagerecht um den Kopf, parallel zur Hutlinie (C-Achse). Sie wirken geschlossen und kompakt, bedingt durch die Kopfrundung verlieren sie jedoch an Härte.*
Abteillinie, vertikal	**Abteillinie, vertikal**	**Schneiden über den Fingern**	**Schneiden über den Fingern**
(Abbildung)	*Vertikale Abteillinien verlaufen senkrecht um den Kopf, parallel zur B-Achse. Sie wirken geschlossen und kompakt, bedingt durch die Kopfrundung verlieren sie jedoch an Härte.*	(Abbildung)	*… bedeutet, dass die Friseurin die einzelnen Passees zwischen Zeige- und Mittelfinger fixiert und dann in der Hand oder über den Fingern kürzt. Diese Technik bietet sich besonders bei Graduierungen und Stufungen an.*
Schneiden über Kamm und Schere	**Schneiden über Kamm und Schere**	**Schneiden auf der Haut**	**Schneiden auf der Haut**
(Abbildung)	*… hierzu werden die Passees mit dem Kamm fixiert. Die Schere ist immer parallel zum Kamm zu führen. Diese Methode findet vor allem beim Übergangsschneiden (Fasson) Verwendung.*	(Abbildung)	*Für Konturenschnitte und die Bestimmung der Grundlinie an den Seiten oder im Nackenbereich wird das Passee glatt auf der Haut fixiert und dann gekürzt.*

Lernfeld 5

Höchster Punkt	**Höchster Punkt**	**A-Achse**	**A-Achse**
	Höchster Punkt des Kopfes. Die Längenangabe einer Abteillinie für den höchsten Punkt muss sowohl auf der A-Achse als auch auf der B-Achse identisch sein, denn hier kreuzen sich die A- und B-Achse des Kopfes.		*Scheitellinie von der Stirnmitte zur Nackenmitte.*

B-Achse	**B-Achse**	**C-Achse**	**C-Achse**
	Scheitellinie von Ohr zu Ohr, sie teilt den Kopf in Vorder- und Hinterkopf.		*Die Hutlinie, sie entspricht dem weitesten Umfang des Kopfes.*

Innerer Frisurenumriss	**Innerer Frisurenumriss**	**Äußerer Frisurenumriss**	**Äußerer Frisurenumriss**
	Die innere Umrisslinie wird durch die Frisuren- oder Haarkonturenlinie zur Gesichtshaut begrenzt. Sie wird auch als innere Silhouette bezeichnet und hat eine besondere Bedeutung für den Charakter einer Frisur.		*Die äußere Umrisslinie bezeichnet die Konturlinie nach außen. Sie wird auch als äußere Silhouette bezeichnet und beeinflusst optisch vor allem die Form und die Größe des Kopfes.*

Kompakte Form	**Kompakte Form**	**Graduierte, gestufte Form**	**Graduierte, gestufte Form**
	Typische Frisur: Pagenkopf. Der Schneidewinkel beträgt zwischen −30° und 0°. Die Grund- und Führungslinien verlaufen folgendermaßen: a) Rückansicht, b) Seitenansicht		*Ein sehr variabler Basishaarschnitt, denn der Schneidewinkel beträgt zwischen 0° und 89,9°. Die Grund- und Führungslinien verlaufen folgendermaßen:* a) Seitenansicht, b) Vorderansicht

Uniforme Stufung (einheitlich gestuft)	Uniforme Stufung (einheitlich gestuft)	Erweiternd verlaufende Stufung (ansteigend gestuft)	Erweiternd verlaufende Stufung (ansteigend gestuft)
	Eignet sich für trendige Kurzhaarschnitte. Der Schneidewinkel beträgt 90°. Die Grund- und Führungslinien verlaufen folgendermaßen: *a) Seitenansicht* *b) Vorderansicht*		*„Pyramidenhaarschnitt". Der Schneidewinkel beträgt über 90°. Die Grund- und Führungslinien verlaufen folgendermaßen:* *a) Seitenansicht,* *b) Vorderansicht*
Partie	**Partie**	**Passee**	**Passee**
	... ist ein Bereich des Kopfes. Z. B.:		*... ist eine Abteilung der Frisur.*

... ist ein Bereich des Kopfes. Z. B.:

Stirnpartie	*vorderster Teil des Oberkopfes*
Oberkopfpartie	*vorderer Bereich zwischen Stirn- u. Wirbelpartie*
Deckhaarbereich	*hinterer Bereich Wirbel- und Nackenpartie*
Wirbelpartie	*Bereich zwischen Ober- u. Hinterkopf*
Seitenpartie	*Seitenbereich über den Ohren*

Textur	**Textur**	**Natürlicher Fall**	**Natürlicher Fall**
	... ist die Oberfläche der Frisur. Die Textur kann aktiviert (stark aufgelockert), nichtaktiviert (kompakte, glatte Form) oder teilaktiviert (also mit einigen aktivierten und einigen nichtaktivierten Texturen innerhalb einer Frisur) sein.		*... bezeichnet den unverfälschten Fall der Haare, bedingt durch die eigene Schwerkraft und den Haarwuchs.*

	Lernfeld 5:	Name:		
	Haare schneiden	Klasse:	Datum:	Blatt-Nr.:
	5 Fehlerquellen beim Haare schneiden			

Szenario:

Als Sie den Haarschnitt bei Frau Klein beendet haben, zeigen Sie der Kundin im Spiegel das Ergebnis. Frau Klein ist entsetzt: „Oh je, die Deckhaare am Hinterkopf sind ja viel zu kurz geworden!"

Aufgaben:

1. Überlegen Sie im Klassenplenum, welche Fehler beim Haarschnitt noch passieren können. Wählen Sie dazu aus der Klasse eine Schülerin, die ein Brainstorming zum Thema „Fehlerquellen beim Haarescheiden" leitet und die Äußerungen der Mitschüler an der Tafel fixiert.

2. Im Anschluss notieren Sie die genannten Äußerungen in der Tabelle und erarbeiten in Partnerarbeit, welche Ursachen diese Haarschneidefehler haben und wie Sie sie korrigieren können.

Mögliche Schülerergebnisse:

Haarschneidefehler	Mögliche Ursachen	Korrekturmöglichkeiten
Einzelne Haarsträhne zu lang	– Die Haare wurden nicht genug durchgekämmt – Die Haare wurden nicht auf Gleichmäßigkeit kontrolliert	– Die längeren Haarsträhnen der Führungslinie anpassen
Haarspitzen nach dem Schnitt glanzlos und gespalten	– Das Haarschneidewerkzeug ist nicht scharf genug	– Mit einer scharfen Schere den Haarschnitt nachbereiten
Deckhaare am Hinterkopf zu kurz	– Die Haarsträhnen wurden zu steil am Oberkopf angehoben – Die Hutlinie wurde nicht berücksichtigt	– Keine
Unsaubere Konturen um den Ohrbogen beim Fassonschnitt	– Die Scherenführung wurde nicht mit dem Zeigefinger unterstützt	– Konturen sauber nachschneiden – Scherenführung dabei mit dem Zeigefinger unterstützen
Gesamte Haarlänge zu lang	– Die Führungslinie wurde nicht exakt genug bestimmt	– Den Haarschnitt mit genauer Einhaltung der Führungslinie wiederholen

Lernfeld 5

3 Um Fehler beim Haare schneiden zu vermeiden, sollte das Schneideergebnis kontrolliert werden. Welche Möglichkeiten stehen Ihnen dazu zu Verfügung? Beschreiben Sie mithilfe der Bilder.

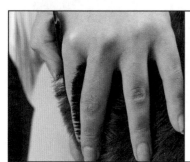

Der **Kontrollschnitt** erfolgt nicht wie der Haarschnitt an einzelnen Passees, denn das Haar wird hier im rechten Winkel entgegen der Abteil- bzw. Grundlinie, damit also parallel zur Führungslinie, gekämmt und kontrolliert. Dabei werden überstehende Haarlängen abgeschnitten. Es ist jedoch zu beachten, dass der eigentliche Haarschnitt und die Lebendigkeit der Frisur erhalten bleiben.

Die Friseurin kann die Kundin bitten, nach dem Haarschnitt den Kopf kräftig zu drehen. Durch diese **Kopfbewegungen** werden Schnittfehler sichtbar, da der Haarschnitt immer exakt fallen sollte, egal zu welcher Richtung der Kopf neigt.

Bei der sogenannten **Spiegelkontrolle** wird ein Handspiegel unter die Schnittlinien gehalten, um so unerwünschte Abstufungen, z.B. bei Übergängen im Fassonschnitt, sichtbar zu machen.

Mithilfe der **Perspektivenkontrolle** kann die Friseurin den Haarschnitt aus verschiedenen Blickwinkeln überprüfen. Denn sauber und exakt geschnittene Haarschnitte können aus einem anderen Abstand betrachtet asymmetrisch oder unsauber wirken.

Bei der **Gleichmäßigkeitskontrolle** stellt sich die Friseurin hinter die Kundin und hebt an jeder Seite des Kopfes eine Haarsträhne und fährt mit den Fingern gleichmäßig parallel nach unten. Ziel ist zu prüfen, ob die Haarsträhnen der beiden Seiten gleich lang sind.

Lernfeld 5:	Name:		
Haare schneiden	Klasse:	Datum:	Blatt-Nr.:
6 Schnittpläne erstellen (Prüfungsstück)			

Szenario:

Für die Gesellenprüfung Teil 1 planen Sie einen klassischen Herrenhaarschnitt mit Fasson.

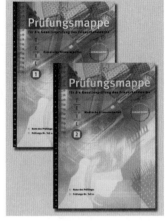

Bild 1: Prüfungsmappe

Aufgaben:

1️⃣ Erstellen Sie einen kompletten Schnittplan für einen klassischen Herrenhaarschnitt, wie er z. B. in der Gesellprüfung Teil 1 (Prüfungsstück) in abgewandelter Form erwartet wird. Bitte beachten Sie, dass auch der Prüfungsausschuss das Endergebnis ausschließlich auf der Basis der Arbeitsplanung bewertet.

2️⃣ Suchen Sie sich zunächst eine aussagekräftige Frisurenvorlage und kleben Sie sie auf den Schnittplan auf der nächsten Seite.

Folgende Punkte sollten Sie anschließend beschreiben bzw. zeichnerisch darstellen:

a) **Schnittform(en) inklusive der Angaben über Struktur und Textur**

b) **Grund- und Führungslinien**

c) **Abteillinien**

d) **Schneidewinkel**

e) **Schneidetechniken**

f) **Werkzeuge**

g) **Stylingvariante**

Bild 2: Persönliche Überlegungen hinsichtlich der beruflichen Tätigkeit

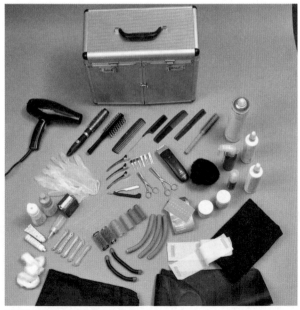

Bild 3: Prüfungskoffer mit Inhalt

Bild 4: Klassischer Herrenhaarschnitt, der Fasson

Lernfeld 5

Lernfeld 5:	Name:		
Haare schneiden	Klasse:	Datum:	Blatt-Nr.:
6 Schnittpläne erstellen (Prüfungsstück)			

Schnittplan für einen klassischen Herrenhaarschnitt

a) **Beschreibung der Schnittform(en)**

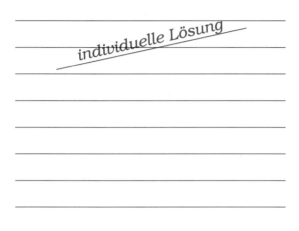

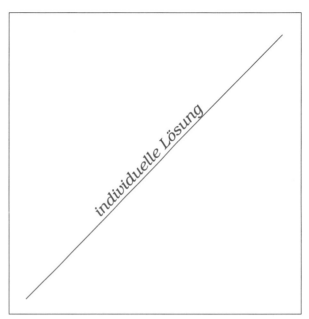

Bild 1: Frisurenvorlage

– **Beschreibung und Skizzierung der Struktur** (Bild 2)

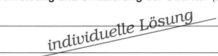

– **Beschreibung der Textur**

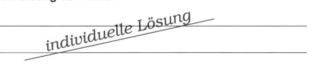

b) **Skizzierung der Abteillinien** (Bild 3)

c) **Skizzierung der Grund- und Führungslinien** (Bild 4)

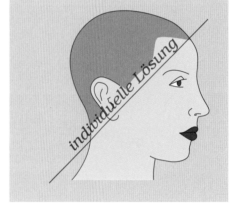

Bild 2: Struktur (Haarlängenanordnung)

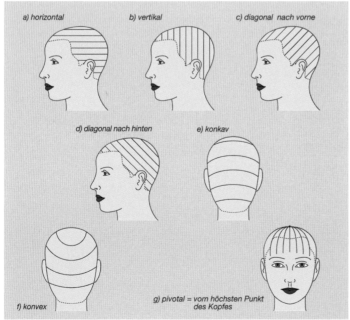

Bild 3: Abteillinien

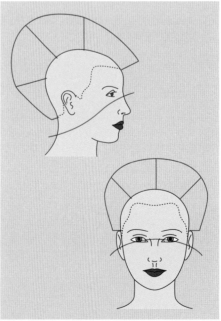

Bild 4: Grund- und Führungslinien

Lernfeld 5

151

d) Skizzierung und Beschreibung des Schneidewinkels (Bild 1)

individuelle Lösung

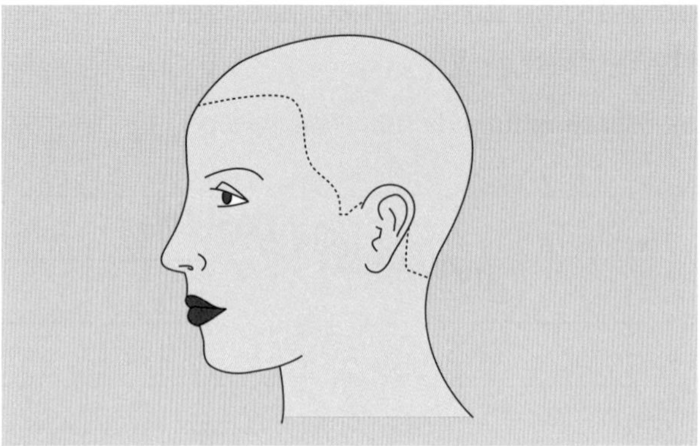

_____

_____

_____

_____

_____

Bild 1: Schneidewinkel

e) Beschreibung der Schneidetechnik(en)

individuelle Lösung

f) Beschreibung der eingesetzten Werkzeuge

individuelle Lösung

g) Beschreibung und zeichnerische Darstellung der Stylingvariante(n) (Bild 2)

individuelle Lösung

Bild 2: Stylingvariante

Lernfeld 5

Lernfeld 5:	Name:		
Haare schneiden	Klasse:	Datum:	Blatt-Nr.:
7 Rasur und Bartformung planen und durchführen			

Szenario:

Anja hat einen Kunden zur Bartformung. Der Kunde hat ein sehr dreieckiges Gesicht und wünscht sich daher einen spitzen Kinnbart, „um meine Gesichtsform auszugleichen.", sagt der Kunde. Während der Beratung überlegt Anja, ob diese Bartform für das Gesicht des Kunden wirklich geeignet ist.

Aufgaben:

1 Was meinen Sie?

Da der Kunde ein sehr dreieckiges Gesicht hat, sollte von einem spitzen Kinnbart abgeraten werden, da diese Bartform das spitze Gesicht unvorteilhaft betont. Um die Gesichtsform zu kaschieren, sollte der Kunde einen Vollbart tragen, um der Kinnpartie mehr Breite zu geben und so die spitze Form auszugleichen.

2 Betiteln Sie die dargestellten Bartformen (Bild 1) z. B. mithilfe Ihrer Fachkunde.

Drei-Tage-Bart

Schnurrbart
Oberlippenbart
Schnäuzer
Schnauzbart

Kinnbart

Henriquatre-Bart

Kotelettenbart

Backenbart

Victor-Emanuel-Bart

Vollbart

Bild 1: Bartformen

3 Zeichnen Sie eine passende Bartform in die unterschiedlichen Gesichter ein, um so die Gesichtsform auszugleichen. Bitte beachten Sie dabei, dass es verschiedene Möglichkeiten gibt, die Gesichter zu kaschieren! Letztendlich entscheidet natürlich immer der Kunde selbst, was er möchte und zu seinem Typ passt.

4 Beschreiben Sie in der Tabelle, warum die Bartform, die Sie jeweils empfehlen, die unvorteilhafte Gesichtsform ausgleicht oder warum Sie eine andere Bartform nicht empfehlen würden.

Bild 1: Beratungsgespräch zur Rasur

Gesichtsform	Ausgleich
Abgerundete Gesichter	
 *Bild 2: Ovales Gesicht*	*Ideale Gesichtsform, daher kein Ausgleich notwendig. Alle Bartformen sind möglich. Ein **Kotelettenbart** sollte eventuell vermieden werden, da das Gesicht sonst zu spitz wirken könnte.*
 Bild 3: Rundes Gesicht	*Um einen optischen Akzent in das runde Gesicht zu setzen, wird die Gesichtsmitte z. B. durch einen **Kinn-**, **Schnurr-** oder **Henriquatre-Bart** optisch betont.* *Um die runden Seitenpartien zu kaschieren, würde sich aber auch ein **Kotelettenbart** anbieten, der die Wangen optisch in den Hintergrund rückt.*

Lernfeld 5

Gesichtsform	Ausgleich
Markante, eckige Gesichter	

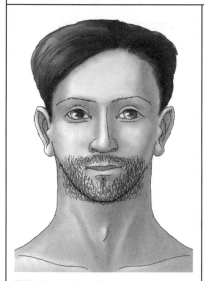

Bild 1: Dreieckiges Gesicht

*Ein gepflegter **Vollbart** könnte der dreieckigen Kinnpartie mehr Gewicht verleihen und so ein Gegengewicht zur oberen Gesichtshälfte schaffen. Dazu sollten jedoch die **Wangenknochen** freigelassen werden.*

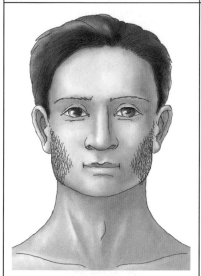

Bild 2: Rechteckiges Gesicht

*Ein etwas breiterer **Schnurrbart** unterteilt die Länge des Gesichtes. Es kann auch ein **Kotelettenbart** getragen werden, der die harte Gesichtsform kaschiert und die Wangenpartie optisch in den Hintergrund rückt.*

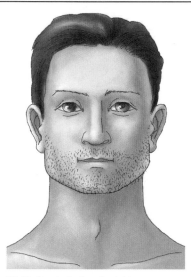

Bild 3: Quadratisches Gesicht

*Dieser Kunde sollte eher **keinen** oder nur einen gepflegten Drei-Tage-Bart tragen. Auch von einem Victor-Emanuel-Bart ist dringend abzuraten, da diese Bartform die kurze eckige Form des Gesichtes unvorteilhaft betonen würde.*

*Wenn der Kunde dunkle Barthaare hat, kann auch ein kurzer **Vollbart** getragen werden, der die markanten Gesichtszüge kaschiert.*

Gesichtsform	Ausgleich
Breite und längliche Gesichter	

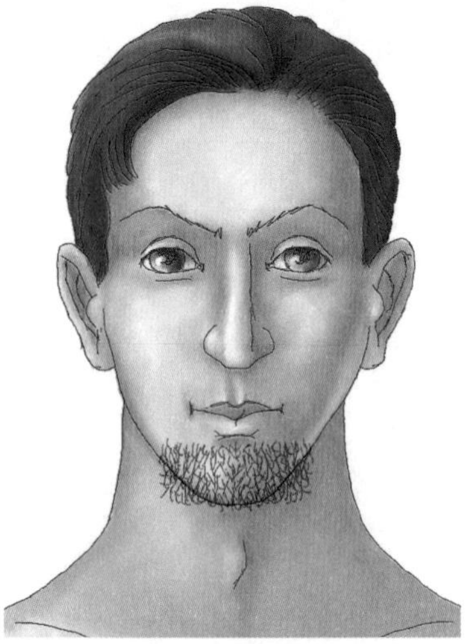

*Ein etwas **breiterer Kinnbart** gleicht die Betonung der oberen Gesichtshälfte aus und verdeckt ein spitzes Kinn.*

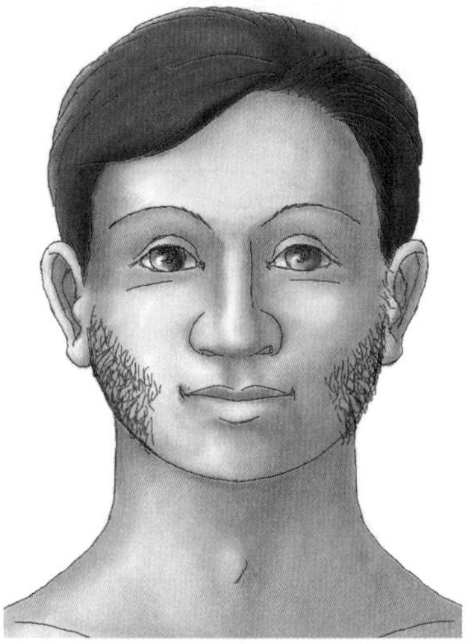

Bild 1: Spitzes, längliches Gesicht

*Um die Seitenpartien zu kaschieren, kann der Kunde einen **Kotelettenbart** tragen, der das Gesicht markanter macht. Gleichzeitig wirkt das Kinn so schmaler. Auf einen Kinnbart sollte verzichtet werden.*

Bild 2: Breites Gesicht

5 Helfen Sie Anja und erstellen Sie einen Behandlungsplan für den Kunden. Orientieren Sie sich dabei an einem „Behandlungsplan zur Haar- und Kopfhautpflege" in Ihrem Fachkundebuch.

Machen Sie z. B. folgende Angaben:

a) **Personalien des Kunden**

b) **Kundenwunschermittlung**

c) **Hautbeurteilung**

d) **Beschreibung und Skizzierung der zu erstellenden Bartform** (Bild 3)

e) **Pflege- und ggf. Stylingempfehlungen**

f) **Arbeitsanleitung zur Durchführung der Rasur inklusive der Angaben über die verwendeten Rasiermittel, Werkzeuge und Hilfsmittel**

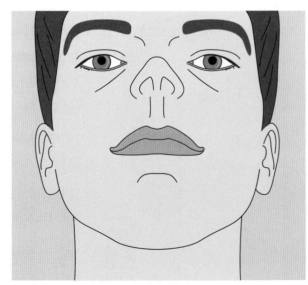

Bild 3: Skizze der zu erstellenden Bartform

Szenario:

Bei der Durchführung einer Wellnessrasur passierte Anja folgender Vorfall: in einem unaufmerksamen Moment glitt das Rasiermesser etwas zur Seite ab und schnitt den Kunden am Kinn. Das Blut tropfte auf den Umhang des Kunden. Dieser hatte jedoch Nachsicht mit Anja, „Es ist ja nichts passiert", erwiderte der Kunde. Anja wischte daraufhin das Blut mit ihrem Handrücken ab und arbeitete konzentriert weiter.

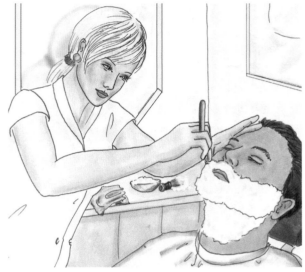

Bild 1: Durchführung einer Wellnessrasur

Aufgaben:

1 Nehmen Sie zu Anjas Verhalten Stellung und diskutieren Sie im Klassenplenum, welche Fehler Anja gemacht hat.

Falsch war, dass Anja das Blut des Kunden mit ihrem Handrücken abgewischt hat. Das Blut könnte Virusinfektionen übertragen. Bevor Anja die Rasur zu Ende führt, muss die Wunde versorgt und der verunreinigte Umhang des Kunden mit einem desinfizierenden Waschmittel gereinigt werden. Benutze Arbeitsgeräte müssen grob gereinigt und desinfiziert werden.

2 Wie hätte Anja in dem oben beschriebenen Fall die Schnittverletzung versorgen müssen?

a) Hände mit einem Händedesinfektionsmittel desinfizieren und ca. 30 Sek. einwirken lassen.

b) Flüssigkeitsundurchlässige und allergenarme Schutzhandschuhe anziehen.

c) Blutung über einen Druckverband stillen.

d) Ein steriles Pflaster oder einen Verband anbringen.

e) Kann die Blutung nicht gestoppt werden, sollte der Notarzt informiert werden.

f) Arbeitsmittel, die mit dem Blut in Kontakt gekommen sind, desinfizieren oder entsorgen.

3 Finden Sie sich in Kleingruppen von max. 5 Schülern zusammen und erarbeiten Sie zu folgenden Themengebieten jeweils fünf Hinweise und präsentieren Sie es im Anschluss der Klasse.

Gruppe 1: Hinweise zur Pflege einer Haarschneideschere

Gruppe 2: Hinweise zur Pflege einer Haarschneidemaschine

Gruppe 3: Hinweise zur Pflege eines Klingen- und Rasiermessers

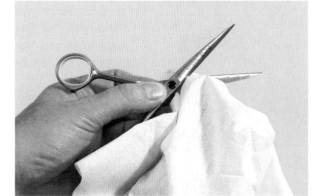

Bild 2: Reinigung der Haarschneideschere

Lernfeld 5

Situation:

Together Anja and Susan practice how to describe the usage and effects of cutting tools, equipment and techniques.

Your tasks:

1 Label the following tools and equipment.

2 Match the descriptions to the pictures.

e) is used to subsection the hair and for scissor over comb cutting

a) is placed over the client's clothes to prevent the cut hair from falling into the client's clothing

Protective gown

Cutting comb

d) is used to keep sections of hair apart

c) is placed between the gown and the client's neck to prevent any hair clippings falling onto the client's clothing

Neck strip

b) is placed around the client's shoulders to create a flat cutting area and to allow the hair to fall easily from the collar

Cutting collar

Sectioning clips

3 Look at the hairstyles below. What cutting tools and techniques do you need for the hairstyles? Explain in full sentences the effects you'll achieve. Use the "helpful phrases from the textbook. Can you find any more helpful phrases?

Cutting tools and their effects

I'll use haircutting scissors to shorten the hair and to cut straight lines.

Cutting techniques and their effects

I'll use the club cutting technique to shorten the hair to the same length.

Cutting tools and their effects

I'm going to use haircutting scissors to shorten the hair and to cut straight lines. Next I'll use thinning scissors or a razor to thin out the hair and to remove thickness. For the neckline and around the ears, I'll use an electric clipper to remove unwanted hair.

Cutting techniques and their effects

I'm going to use the scissors or razor over comb cutting technique around the nape and the sides to cut the hair short and to follow the contours of the head.
In order to reduce thickness of the hair and to soften hard lines, I'll use the texturing technique all over the head.

Lernfeld 5

Szenario:

Anja has to write instructions for a haircut. Help her by doing the following tasks:

---

1 Write the matching headings next to the pictures below.

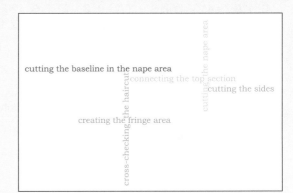

cutting the baseline in the nape area

connecting the top section

cutting the sides

cutting the nape area

creating the fringe area

cross-checking the haircut

2 Order the jumbled descriptions by numbering them from 1 to 6.

cutting the baseline in the nape area — **4**
– Along the front hairline a narrow guide section is to be established.
– Starting at the center part the desired length will be cut and connected to the length on the sides.
– A second horizontal part should be brought down and cut with a low graduation to the fringe guideline.

cutting the nape area — **6**
– Every vertical subsectioned part should be cross-checked by using horizontal partings and the other way round.
– The strands will be elevated 90 degrees from the head.

cutting the sides — **2**
– A vertical subsection is to be established in the center part of the first horizontal part by combing the strand at a 90-degree angle to the scalp.
– Each strand will be cut by using the club cutting or pointing technique for a softer look between the fingers parallel to the scalp.
– The whole horizontal section is to be cut like this by using the baseline as a moving cutting guide.
– Working upwards the back area each completed section will serve as a moving cutting guide for the next section.

creating the fringe area — **5**
– A vertical section should be established in the crown area, taking hair from the nape and the side areas to blend the section with the two pre-cut sections by using them as a moving cutting guide.
– The same should be done in the front area by using parts from the side and fringe area.
– Vertical and horizontal partings should be used to connect all areas.
– The whole top area will be cut at a 90-degree angle.

connecting the top section — **1**
– The whole head is to be subsectioned into 4 parts.
– The first horizontal part is to be taken across the nape from one ear to the other
– The guiding baseline should be cut parallel to the fingers in the desired length and shape.

cross-checking the hair-cut — **3**
– On the sides a narrow guide section is to be established.
– The side guideline will be cut to match the length in the nape.
– Both side sections should be checked if they will be the same length.
– The sides will be cut in the same 90-degree angle as the nape area, using the side guideline and parts of the nape section as moving cutting guides.

3 Which basic style plan is described here? _____ *Uniform layer cut* _____

4 Write instructions for your colleagues on an extra piece of paper. Add explaining pictures to your instructions. Use words like "Next …", "Then …", "Afterwards …" and "Finally …" to begin the sentences. Start with

1. First subsection the hair into 4 parts.
2. Then …
   …
X. Finally …

Bildquellenverzeichnis

Adolphs, Guido, Wuppertal: S. 7; S. 12; S. 13; S. 17/2; S. 22; S. 23/1; S. 29/2; S. 33; S. 34/1; S. 35/1; S. 36; S. 37; S. 41; S. 42; S. 43; S. 44; S. 45/1–3; S. 46/1; S. 47/2; S. 49; S. 78; S. 83/1; S. 86/1; S. 87; S. 91/2–9; S: 92; S. 109/1; S. 110/2 + 4; S. 114; S. 120/2 + 3; S. 121/1; S. 126; S. 130; S. 136/1–3; S. 137; S. 139/3; S. 141; S. 143/1 + 2 + 6; S. 144/2 + 4; S. 145/6–8; S. 146/1; S. 147/3 + 4; S. 149; S. 150/3 + 4; S. 154/1; S. 157/2; S. 158

Agentur Focus GmbH: S. 67/1

Archiv Verlag Europa-Lehrmittel: S. 8; S. 10; S. 19; S. 28/2; S. 46/2; S. 59/1; S. 61; S. 63/1; S. 64; S. 65; S. 66; S. 99; S. 107/2; S. 116; S. 118; S. 121/3 + 4; S. 128/1; S. 138; S. 150/2

Berufsgenossenschaft für Gesundheitsdienst und Wohlfahrtspflege (BGW), Hamburg: S. 29/1

Buir, Benno, Solingen: S. 150/1

Deutsche Gesellschaft für Ernährung e. V., Bonn: S. 24

Faust, Steffen, Berlin: S. 20; S. 28/3; S. 31; S. 53; S. 58; S. 74,/1; S. 136/4–6; S. 154/2+3; S. 155; S. 156/1 + 2

Fotolia.com, Berlin: S. 9 © Schlierner – Fotolia.com; S. 30/1 © contrastwerkstatt – Fotolia.com; S. 34/2 © Tyler Olson – Fotolia.com; S. 35/2 © Tyler Olson – Fotolia.com; S. 39 © Kzenon – Fotolia.com; S. 40 © Kzenon – Fotolia.com; S. 45/4 © jjpixs – Fotolia.com; S. 56/1 © Nelos – Fotolia.com; S. 63/2 © Tyler Olson – Fotolia.com; S. 67/2 © Photographee.eu – Fotolia.com; S. 79 © bertys30 – Fotolia.com; S. 86/2 © Diana Kosaric – Fotolia.com; S. 91/11 © Masson – Fotolia.com; S. 93/1 © frankee337 – Fotolia.com

Gilles San Martin: S. 68

Global Bookings, Sissach (Schweiz): S. 129/1

Great Lengths Haarvertriebs GmbH, A-St. Stefan im Rosental: S. 120/1; S. 121/2; S. 147/6

Hans Schwarzkopf GmbH, Hamburg: S. 100

Hecht-Sprung, Soltau; S. 38; S. 47/1; S. 48; S. 50

Herzig, Wolfgang, Essen: S. 14/2; S. 17/1; S. 74/3; S. 82; S. 88; S. 89; S. 90; S. 93/2; S. 94/1; S. 95; S. 109/2 + 3; S. 110/1 + 3; S. 111; S. 113; S. 115; S. 117; S. 119; S. 122; S. 123; S. 124; S. 125; S. 129/2; S. 139/1 + 2; S. 140/1; S. 143/3–5; S. 144/1 + 3 + 5–8; S. 145/1–5; S. 146/2–4; S. 151; S. 152; S. 153; S. 156/3

MEV Verlag GmbH, Augsburg: S. 91/1 + 10; S. 128/2–4

orochemie GmbH & Co. KG, Kornwestheim: S. 14/1; S. 15; S. 16/6

Rintelen, Henriette, Velbert: S. 55; S. 59/2; S. 60; S. 71; S. 72; S. 74/2

Stock.adobe.com, Dublin, Irland: S. 26/1 © Alexander Y - stock.adobe.com

Techniker Krankenkasse, Hamburg: S. 25 (Broschüre „Der Stress", S. 11)

Timm, Gabriele, Berlin: S. 16/1–5; S. 23/2 + 3; S. 27; S. 28/4; S. 94/2; S. 101; S. 102; S. 103; S. 104; S. 105; S. 106; S. 140/2; S. 146/5–8; S. 147/1 + 2 + 5; S. 157/1

TONDEO/United Salon Technologies, Solingen: S. 131; S. 132; S. 133; S. 135/1–9

Ullstein Bild, Berlin: S. 26/2 © ullstein bild – Insadco/Bildagentur Waldhaeusl; S. 70/1 © Ullstein Bild – Teich/CARO; S. 73/2 © Ullstein Bild – imagebroker.net; S. 107/1 © ullstein bild – Lineair

Wella AG, Darmstadt: S. 6; S. 28/1; S. 73/1; S. 75; S. 76; S. 77; S. 98; S. 112; S. 135/10

Werk, Stephan, Hamburg: S. 69; S. 134